As Revoluções Russas
e o Socialismo Soviético

FUNDAÇÃO EDITORA DA UNESP

Presidente do Conselho Curador
Mário Sérgio Vasconcelos

Diretor-Presidente
Jézio Hernani Bomfim Gutierre

Superintendente Administrativo e Financeiro
William de Souza Agostinho

Conselho Editorial Acadêmico
Danilo Rothberg
Luis Fernando Ayerbe
Marcelo Takeshi Yamashita
Maria Cristina Pereira Lima
Milton Terumitsu Sogabe
Newton La Scala Júnior
Pedro Angelo Pagni
Renata Junqueira de Souza
Sandra Aparecida Ferreira
Valéria dos Santos Guimarães

Editores-Adjuntos
Anderson Nobara
Leandro Rodrigues

Daniel Aarão Reis Filho

As Revoluções Russas
e o Socialismo Soviético

Coleção Revoluções do Século XX
Direção de Emília Viotti da Costa

© 2003 Editora Unesp

Direitos de publicação reservados à:
Fundação Editora da Unesp (FEU)
Praça da Sé, 108
01001-900 – São Paulo – SP
Tel.: (0xx11) 3242-7171
Fax: (0xx11) 3242-7172
www.editoraunesp.com.br
www.livrariaunesp.com.br
atendimento.editora@unesp.br

Dados Internacionais de Catalogação na Publicação (CIP)
(Câmara Brasileira do Livro, SP, Brasil)

Reis Filho, Daniel Aarão
    As revoluções russas e o socialismo soviético / Daniel Aarão Reis Filho. – São Paulo: Editora Unesp, 2003. – (Coleção Revoluções do século XX / direção de Emília Viotti da Costa)

    Bibliografia
    ISBN 85-7139-482-2

    1. Revoluções – Rússia 2. Socialismo – União Soviética I. Costa, Emília Viotti da. II. Título. III. Série.

03-5926   CDD-321.0940947

Índices para catálogo sistemático:

1. Revoluções: Rússia: Ciência política   321.0940947
2. Rússia: Revoluções: Ciência política   321.0940947

Editora afiliada:

APRESENTAÇÃO DA COLEÇÃO

O século XIX foi o século das revoluções liberais; o XX, o das revoluções socialistas. Que nos reservará o século XXI? Há quem diga que a era das revoluções está encerrada, que o mito da Revolução que governou a vida dos homens desde o século XVIII já não serve como guia no presente. Até mesmo entre pessoas de esquerda, que têm sido através do tempo os defensores das ideias revolucionárias, ouve-se dizer que os movimentos sociais vieram substituir as revoluções. Diante do monopólio da violência pelos governos e do custo crescente dos armamentos bélicos, parece a muitos ser quase impossível repetir os feitos da era das barricadas.

Por toda parte, no entanto, de Seattle a Porto Alegre ou Mumbai, há sinais de que hoje, como no passado, há jovens que não estão dispostos a aceitar o mundo tal como se configura em nossos dias. Mas quaisquer que sejam as formas de lutas escolhidas é preciso conhecer as experiências revolucionárias do passado. Como se tem dito e repetido, quem não aprende dos erros do passado está fadado a repeti-los. Existe, contudo, entre as gerações mais jovens, uma profunda ignorância desses acontecimentos tão fundamentais para a compreensão do passado e a construção do futuro. Foi com essa ideia em mente que a Editora Unesp decidiu publicar esta coleção. Esperamos que os livros venham a servir de leitura complementar aos estudantes da escola média, universitários e ao público em geral.

Os autores foram recrutados entre historiadores, cientistas sociais e jornalistas, norte-americanos e brasileiros, de posições políticas diversas, cobrindo um espectro que vai do centro até a esquerda. Essa variedade de posições foi conscientemente buscada. O que perdemos, talvez, em consistência, esperamos ganhar na diversidade de interpretações que convidam à reflexão e ao diálogo.

Para entender as revoluções no século XX, é preciso colocá-las no contexto dos movimentos revolucionários que se desencadearam a partir da segunda metade do século XVIII, resultando na destruição final do Antigo Sistema Colonial e do Antigo Regime. Apesar das profundas diferenças, as revoluções posteriores procuraram levar a cabo um projeto de democracia que se perdeu nas abstrações e contradições da Revolução de 1789, e que se tornou o centro das lutas do povo a partir de então. De fato, o século XIX assistiu a uma sucessão de revoluções inspiradas na luta pela independência das colônias inglesas na América e na Revolução Francesa.

Em 4 de julho de 1776, as treze colônias que vieram inicialmente a constituir os Estados Unidos da América declaravam sua independência e justificavam a ruptura do Pacto Colonial. Em palavras candentes e profundamente subversivas para a época, afirmavam a igualdade dos homens e apregoavam como seus direitos inalienáveis: o direito à vida, à liberdade e à busca da felicidade. Afirmavam que o poder dos governantes, aos quais cabia a defesa daqueles direitos, derivava dos governados. Portanto, cabia a estes derrubar o governante quando ele deixasse de cumprir sua função de defensor dos direitos e resvalasse para o despotismo.

Esses conceitos revolucionários que ecoavam o Iluminismo foram retomados com maior vigor e amplitude treze anos mais tarde, em 1789, na França. Se a Declaração de Independência das colônias americanas ameaçava o sistema colonial, a Revolução Francesa viria pôr em questão todo o Antigo Regime, a ordem social que o amparava, os privilégios da aristocracia, o sistema de monopólios, o absolutismo real, o poder divino dos reis.

Não por acaso, a Declaração dos Direitos do Homem e do Cidadão, aprovada pela Assembleia Nacional da França, foi redigida pelo marquês de La Fayette, francês que participara das lutas pela independência das colônias americanas. Este contara com a colaboração de Thomas Jefferson, que se encontrava na França, na ocasião como enviado do governo americano. A Declaração afirmava a igualdade dos homens perante a lei. Definia como seus direitos inalienáveis a liberdade, a propriedade, a segurança e a resistência à opressão, sendo a preservação desses direitos o objetivo de toda associação política. Estabelecia que ninguém poderia ser privado de sua propriedade, exceto em casos de evidente necessidade pública legalmente comprovada, e desde que fosse prévia e justamente indenizado. Afirmava ainda a soberania da nação e a supremacia da lei. Esta era definida como expressão da vontade geral e deveria ser igual para todos. Garantia a liberdade de expressão, de ideias e de religião, ficando o indivíduo responsável pelos abusos dessa liberdade, de acordo com a lei. Estabelecia um imposto aplicável a todos, proporcionalmente aos meios de cada um. Conferia aos cidadãos o direito de, pessoalmente ou por intermédio de seus representantes, participar na elaboração dos orçamentos, ficando os agentes públicos obrigados a prestar contas de sua administração. Afirmava ainda a separação dos poderes.

Essas declarações, que definem bem a extensão e os limites do pensamento liberal, reverberaram em várias partes da Europa e da América, derrubando regimes monárquicos absolutistas, implantando sistemas liberal-democráticos de vários matizes, estabelecendo a igualdade de todos perante a lei, adotando a divisão dos poderes (legislativo, executivo e judiciário), forjando nacionalidades e contribuindo para a emancipação dos escravos e a independência das colônias latino-americanas.

O desenvolvimento da indústria e do comércio, a revolução nos meios de transportes, os progressos tecnológicos, o processo de urbanização, a formação de uma nova classe social – o proletariado – e a expansão imperialista dos países europeus na África e na Ásia geravam deslocamentos, conflitos sociais e guerras em várias partes do mundo. Por toda a parte os grupos excluídos defrontavam-se com novas oligarquias que não atendiam às suas necessidades e não respondiam aos seus anseios. Estes extravasavam em lutas visando tornar mais efetiva a promessa democrática que a acumulação de riquezas e poder nas mãos de alguns, em detrimento da grande maioria, demonstrara ser cada vez mais fictícia.

A igualdade jurídica não encontrava correspondência na prática; a liberdade sem a igualdade transformava-se em mito; os governos representativos representavam apenas uma minoria, pois a grande maioria do povo não tinha representação de fato. Um após outro, os ideais presentes na Declaração dos Direitos do Homem foram revelando seu caráter ilusório. A resposta não se fez tardar.

Ideias socialistas, anarquistas, sindicalistas, comunistas, ou simplesmente reformistas apareceram como críticas ao mundo criado pelo capitalismo e pela liberal-democracia. As primeiras denúncias ao novo sistema surgiram contemporaneamente à Revolução Francesa. Nessa época, as críticas ficaram restritas a uns poucos revolucionários mais radicais, como Gracchus Babeuf. No decorrer da primeira metade do século XIX, condenações da ordem social e política criada a partir da Restauração dos Bourbon na França fizeram-se ouvir nas obras dos chamados socialistas utópicos como Charles Fourier (1772-1837), o conde de Saint-Simon (1760-1825), Pierre Joseph Proudhon (1809-1865), o abade Lamennais (1782-1854), Étienne Cabet (1788-1856), Louis Blanc (1812-1882), entre outros. Na Inglaterra, Karl Marx (1818-1883) e seu companheiro Friedrich Engels (1820-1895) lançavam-se na crítica sistemática ao capitalismo e à democracia burguesa, e viam na luta de classes o motor da história e, no proletariado, a força capaz de promover a revolução social. Em 1848, vinha à luz o *Manifesto comunista*, conclamando os proletários do mundo a se unirem.

Em 1864, criava-se a Primeira Internacional dos Trabalhadores. Três anos mais tarde, Marx publicava o primeiro volume de *O capital*. Enquanto isso, sindicalistas, reformistas e cooperativistas de toda espécie, como Robert Owen, tentavam humanizar o capitalismo. Na França, o contingente de radicais aumentara bastante, e propostas radicais começaram a mobilizar um maior número de pessoas entre as populações urbanas. Os socialistas, derrotados em 1848, vieram a assumir a liderança por um breve período na Comuna de Paris, em 1871, quando foram novamente vencidos. Apesar de suas derrotas e múltiplas divergências entre os militantes, o socialismo foi ganhando adeptos em várias partes do mundo. Em 1873, dissolvia-se a Primeira Internacional. Marx veio a falecer dez anos mais tarde, mas sua obra continuou a exercer poderosa influência. O segundo volume de *O capital* saiu em 1885, dois anos após sua morte, e o terceiro, em 1894. Uma nova Internacional foi fundada em 1889. O movimento em favor de uma mudança radical ganhava um número cada vez maior de participantes, em várias partes do mundo, culminando na Revolução Russa de 1917, que deu início a uma nova era.

No início do século XX, o ciclo das revoluções liberais parecia definitivamente encerrado. O processo revolucionário, agora sob inspiração de socialistas e comunistas, transcendia as fronteiras da Europa e da América para assumir caráter mais universal. Na África, na Ásia, na Europa e na América, o caminho seguido pela União Soviética alarmou alguns e serviu de inspiração a outros, provocando debates e confrontos internos e externos que marcaram a história do século XX, envolvendo a todos. A Revolução Chinesa, em 1949, e a Cubana, dez anos mais tarde, ampliaram o bloco socialista e forneceram novos modelos para revolucionários em várias partes do mundo.

Desde então, milhares de pessoas pereceram nos conflitos entre o mundo capitalista e o mundo socialista. Em ambos os lados, a historiografia foi profundamente afetada pelas paixões políticas suscitadas pela guerra fria e deturpada pela propaganda. Agora, com o fim da guerra fria, o desaparecimento da União Soviética e a participação da China em instituições até recentemente controladas pelos países capitalistas, talvez seja possível dar início a uma reavaliação mais serena desses acontecimentos.

Esperamos que a leitura dos livros desta coleção seja, para os leitores, o primeiro passo numa longa caminhada em busca de um futuro, em que liberdade e igualdade sejam compatíveis e a democracia seja a sua expressão.

Emília Viotti da Costa

A Lucia e a Daniel
Antes, agora, depois, sempre

Sumário

1. A Santa Rússia entre reação,
reforma e revolução   *15*

2. As revoluções russas   *41*

3. A revolução pelo alto e a construção
do socialismo num só país   *77*

4. A Segunda Guerra Mundial e o apogeu
do socialismo soviético   *103*

5. O socialismo realmente existente:
o desafio das reformas   *119*

6. A *perestroika* e a desagregação
da União Soviética   *135*

7. A Rússia pós-socialista:
apogeu e crise da utopia do mercado   *157*

Bibliografia   *173*

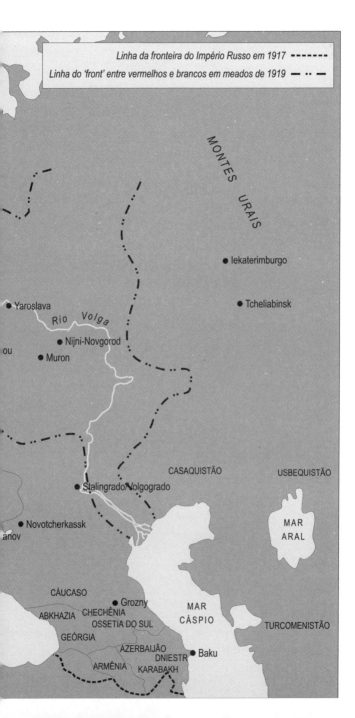

1. A Santa Rússia entre reação, reforma e revolução

Nas duas primeiras décadas do século XX, a Rússia tsarista foi alcançada por quatro revoluções que a devastaram e a transformaram, e também o mundo, numa profundidade que poucos poderiam prever. Para tentar compreender o processo, é preciso começar pelo estudo da história do império russo, das condições e das tradições que marcaram as forças sociais e políticas que tomariam parte nos conflitos de onde surgiu a União Soviética, principal experiência socialista contemporânea.

A Rússia imperial: sociedade, instituições políticas e economia

Em fins do século XIX, o império tsarista, com seus 22,3 milhões de quilômetros quadrados, era o maior Estado do mundo em dimensões físicas: de leste a oeste, do Pacífico norte às fronteiras com o Império Austro-húngaro, cerca de oito mil quilômetros. De norte a sul, do Oceano Ártico às fronteiras com a Turquia, quase três mil e duzentos quilômetros. A população estimada de 132 milhões de habitantes (recenseamento de 1897) fazia da Rússia a principal potência demográfica da Europa, uma das maiores do mundo, abaixo apenas das grandes sociedades asiáticas, o Império das Índias, sob o domínio britânico, e a China, o Império do Meio.

No interior das suas fronteiras, paisagens e climas diferenciados: as florestas e os frios do norte; as estepes ao centro, intermináveis, com a grande mancha das terras negras (*tchernoziom*), extremamente férteis, do oeste da Ucrânia à cordilheira dos Urais; ao sul, as altas montanhas do Cáucaso, combinadas com as temperaturas amenas do litoral do Mar Negro.

As populações constituíam um autêntico mosaico de povos e religiões. Russos e ucranianos (quase metade da população total) formavam a base mais coesa de súditos do tsar, embora houvesse contradições, sobretudo no ocidente da Ucrânia, onde era forte e tradicional o sentimento nacionalista. No extremo ocidente do império, povos que se consideravam europeus e ressentiam a dominação dos russos *asiáticos*, como um insulto: poloneses, estonianos, lituanos, letões, finlandeses, sem contar importantes minorias de judeus e alemães. Nos territórios da Ásia central e em seus confins, descendentes de turcos e mongóis; no Cáucaso, georgianos, armênios, turcos, iranianos, curdos. Superpondo-se às contradições de ordem nacional, combinando-se com elas, as diferenças religiosas: cristãos ortodoxos, uniatas, protestantes, católicos; judeus; muçulmanos; animistas; budistas.

A essa extrema diversidade, contrapondo-se a ela, a autocracia imperial russa, simbolizada pela águia de duas cabeças, visando simultaneamente o Oriente e o Ocidente.

A seu serviço, a burocracia civil, a polícia política, as Forças Armadas e a Igreja Ortodoxa.

A burocracia civil reunia cerca de quinhentos mil funcionários em fins do século XIX, os *olhos e ouvidos* do tsar. Constituída por Pedro, o Grande, desde o início do século XVIII, com base numa carreira de quatorze níveis, o *tchin*, integrava referências europeias, *modernas*, e asiáticas, próprias do *Antigo Regime*. Elitista (os oito níveis superiores eram reservados a nobres ou a pessoas agraciadas com a condição de nobres), nomeada de cima para baixo, politicamente irresponsável, ineficiente, rotineira, corrupta, objeto de sátira e escárnio, odiada pelo cidadão comum, desprezada pelas elites, nem por isso a burocracia poderia ser considerada um *corpo estranho*. Ao contrário, em seu funcionamento, era uma das sínteses mais expressivas das tradições conservadoras da sociedade russa, das ambiguidades de sua resistência aos processos de modernização.

A dimensão repressiva da burocracia era assumida pela polícia política. Na Rússia, até 1905, não havia liberdade de organização, de manifestação, de expressão. Nem oposição reconhecida, mas *dissidências*, logo desqualificadas como inimigas e perseguidas. A polícia política encarregava-se de controlar, silenciar, desarticular, prender, exilar e, em casos extremos, matar oposicionistas de qualquer natureza. Criada no reino de Nicolau I, a sinistra Terceira Seção da Chancelaria, diretamente ligada ao tsar, mais tarde rebatizada como *Okhrana*, e integrada ao Ministério do Interior, passou à história como uma força de grande eficiência operacional, considerada então a melhor do mundo.

As Forças Armadas, principalmente o exército, constituíam um temível dispositivo *imperial*. Ao longo de trezentos anos, desde o início do século XVII, quando se entronizou a dinastia dos Romanov, o império expandiu-se de forma sistemática, permanente. Guerras de conquista transformaram o relativamente pequeno principado de Moscou do século XVII numa grande potência imperial em fins do século XIX. A oeste, finlandeses e os Estados bálticos, e mais uma fração dos poloneses, cuja dominação seria compartilhada com prussianos e austríacos. Ao sul, o Cáucaso, a península da Crimeia, o norte do Mar Negro. A leste, as vastidões da Ásia central e da Sibéria oriental, passando pela usurpação de duas importantes *províncias* da China, Amur e Ussuri, que permitiram a construção de uma cidade no Pacífico norte, Vladivostok. Na progressão para o leste, os russos atravessaram o Estreito de Behring, o Alasca e chegaram a alcançar o norte da atual Califórnia.

Mas não se detinham, aparentemente insatisfeitos, pretendendo realizar outras ambições *imperialistas*. A oeste, dois objetivos: de um lado, fermentar o movimento irredentista dos povos eslavos do sul e a desagregação do Império Austro-húngaro, construindo uma área de influência nos Bálcãs; de outro, deslocar o Império Otomano, o *homem doente da Europa*, controlar os portos do Mediterrâneo oriental, de *mares quentes*, e a cidade sagrada de Constantinopla, a *segunda Roma*. No extremo oriente, entre outros, a transformação da Mandchúria, rica província mineral a nordeste da China, e da península coreana em áreas de influência. A estrada de ferro transmandchuriana e a base naval de Port Arthur pareceram, em certo momento, aproximar a realização desses objetivos.

Na política imperial russa, combinavam-se ambições geopolíticas, estratégicas, tradicionais, típicas do expansionismo de *Antigo Regime*, e a ganância *moderna* por negócios lucrativos de uma emergente burguesia russa, muitas vezes em aliança com as finanças internacionais.

Entretanto, as Forças Armadas não eram apenas uma força de *ação externa*. Internamente, funcionavam como uma *reserva* fundamental para debelar rebeliões sociais e nacionais, rurais ou urbanas, que pudessem escapar da vigilância e da repressão da burocracia civil e da polícia política.

Para consolidar a ordem, o tsarismo ainda contava com a Igreja Ortodoxa. Ela conservava uma certa autonomia, não podendo ser considerada um mero *instrumento* do poder tsarista. Seria também um equívoco imaginá-la como um todo monolítico. Havia uma grande diversidade entre os altos hierarcas imersos na vida mundana dos grandes centros urbanos, os monges recolhidos em orações nos mosteiros fechados, e os párocos (os *popes*) de aldeia compartilhando com os fiéis as agruras e as circunstâncias da vida de miséria, de lama e de vodca, nos confins dos campos russos. Entretanto, era uma Igreja comprometida, em grande medida, com uma religiosidade cristã conformista e resignada, subserviente, subordinada funcionalmente ao poder tsarista, dependente dele (subsídios e emolumentos), supervisionada nos altos escalões pelo procurador do Santo Sínodo, nomeado pelo tsar. A divisa oficial do império – um Tsar, uma Nação, uma Fé e a convicção de que Moscou era a encarnação da *Terceira Roma*, sede de um cristianismo íntegro, ainda não corrompido pelas tentações do mundo – fazia da Ortodoxia uma religião *oficial*, mesmo porque o tsar era um soberano de direito divino, o que trazia óbvias implicações nas relações entre o Poder e a Religião.

Burocracia civil, polícia política, Forças Armadas, Igreja Ortodoxa. Por sobre esse conjunto complexo de instituições, a figura do tsar, com suas duas dimensões inseparáveis: a do *pai*, sempre severo, às vezes implacável, mas atento às demandas dos súditos, um verdadeiro *paizinho*, atencioso e carinhoso com suas *crianças* (o tsar *batiuchka*); e a do terrível e indômito conquistador, o *tsar imperator*, pouco visível mas onipresente, justiceiro, chefe supremo da Fé e mensageiro da Razão.

Os povos do império, os eslavos e os russos, em particular, tinham pelo tsar reverência, amor, temor, confiança. Quando os problemas não se resolviam, ou se agravavam, e surgiam as crises, as fomes, as guerras, as desgraças, a tendência era sempre a de culpabilizar os responsáveis imediatos: o burocrata, o policial, o militar. À guisa de consolo, dirão para si mesmos, reverentes, os camponeses (*mujiks*) russos: *Deus está tão alto, e o tsar tão longe* – provérbio simbólico, condensado de tradições.

As instituições políticas da autocracia imperial regiam uma sociedade fundamentalmente agrária. Cerca de 85% da população vivia no campo, em fins do século XIX.

De um lado, na base da sociedade, trabalhando a terra, vivendo dela, a imensa massa de dezenas de milhões de *mujiks*, habitando pequenas aldeias, organizados em comunas agrárias, o *mir* (universo, paz), uma instituição ancestral dotada de uma assembleia (a *obchina*), onde se reuniam os patriarcas de cada família, para eleger, dentre os mais velhos, o chefe local, o *starosta*, a quem se atribuíam diversas funções: resolução de pequenos conflitos, recolhimento de impostos, recrutamento militar etc. Além disso, a *obchina* responsabilizava-se pela distribuição/redistribuição periódica das terras comunais, segundo as necessidades (as bocas) e as possibilidades (os braços) estimadas. Aqui residiam a força e a fraqueza do *mir* russo. A força provinha de um igualitarismo básico, propiciando solidariedade, concretizada no trabalho comum, nas múltiplas atividades de auxílio mútuo, conferindo identidade e coesão social. A fraqueza derivava do desestímulo à inovação, ao progresso familiar e individual fundado em rendimentos crescentes dos respectivos lotes, sempre ameaçados em sua integridade pela sombra das periódicas redistribuições, previstas pela lei e pelos costumes.

No topo da pirâmide social, dominando aquela sociedade agrária, algumas dezenas de milhares de proprietários de terra (cerca de 107 mil famílias), os *pomeschtchiki*, quase todos vinculados a famílias nobres. Embora em declínio ao longo do século XIX, conservavam força política e prestígio social, formando a principal base social da autocracia tsarista.

A agricultura russa apresentava uma paisagem desigual: no sul e no oeste já havia grandes propriedades produzindo cereais e açúcar de beterraba para exportação, controladas por capitalistas ou por nobres convertidos aos negócios. Era a Rússia que se transformava no *celeiro* da Europa, principalmente da Inglaterra e da Alemanha. Os *mujiks* trabalhavam a terra com os braços e rudimentares instrumentos. Cerca de 60% eram classificados como *pobres*, os *biednakis*; abaixo deles, sem acesso à terra, os assalariados, os *batraks* (cerca de 1,5 milhão); 22% eram considerados *medianos*, ou *remediados*, os *seredniakis*; finalmente, num estatuto relativamente mais elevado, menos de 19%, os *kulaks*. Mas seria um exagero chamá-los de *ricos*. Controlavam muitos dos demais camponeses em seus *kulaks* (punhos), porque lhes emprestavam dinheiro e sementes. E gozavam de prestígio social, dispondo de melhores condições, como a de oferecer instrução básica à família. Entretanto, compartilhavam das condições penosas que marcavam a vida de todos os que trabalhavam nos campos russos: pequenas aldeias de casas de madeira apertadas, dando para ruas de poeira (verão) e de lama (inverno), sem os confortos básicos da vida moderna, sujeitos a surtos de doença e de fome.

Em 1890, mais de metade das famílias tinham menos de dois cavalos, em média. Um terço dos *mujiks* dispunha apenas de pequenos *lenços* de terra (1 a 2 deciatinas/1 deciatina = 1,09 hectare). Em 1905, uma pesquisa oficial mostrou que, nas terras comunais, metade das famílias possuíam menos de oito deciatinas, ou seja, abaixo do limiar considerado mínimo para sobreviver com tranquilidade.

Os *mujiks* trabalhavam em condições muito baixas de produtividade, comparadas com os padrões europeus, registrando-se, apesar de progressos localizados, avanços muito lentos: nos anos 60 do século XIX, por exemplo, cada agricultor produzia, em média, 2,21 *puds* de trigo (1 *pud* = 16,38 kg). Ora, em 1905, a produção girava em torno de 2,81 *puds*, ou seja, um crescimento de apenas 27% em quase quatro décadas. Circunstâncias históricas e sociais condicionavam o fenômeno: técnicas de produção tradicionais (assolamento trianual), instrumentos de trabalho pouco eficientes (ainda predominava o antigo arado de madeira, a *sokha*), escassez de tração animal e de fertilizantes orgânicos e químicos, retalhamento excessivo e insegurança quanto à posse a longo prazo dos pequenos lotes, periodicamente redistribuídos, como já se disse, no interior da comuna.

Uma sociedade *atrasada*, sem dúvida, considerada no contexto da Europa. Melhor seria dizer: que se *atrasou*. Com efeito, em 1815, depois da derrota definitiva da aventura napoleônica, por ocasião do Congresso de Viena, a Rússia imperial aparecia como grande potência política, militar, demográfica, econômica. Seus exércitos haviam desempenhado papel essencial na destruição da França revolucionária. Em torno de sua força, estruturou-se a *Santa Aliança*, destinada a manter a paz e a ordem na Europa e no mundo. Nas décadas seguintes, e até o fim da primeira metade do século XIX, a Rússia manteve-se como a *polícia* do mundo, a *reserva* onde podiam apoiar-se, e se apoiavam, conservadores e reacionários de todos os quadrantes. O pensamento progressista a denunciava. Os revolucionários a abominavam.

Quando, em 1848, eclodiram as revoluções sociais e nacionais europeias, a *primavera dos povos*, o tsarismo cumpriu o pacto que assinara com a ordem estabelecida, projetando sua sombra sinistra, inibindo a rebeldia com ameaças, ou, quando foi o caso, na Europa central e oriental, matando as revoluções com seus exércitos. Salvando a ordem, o império tsarista parecia um gigante inabalável.

Pouco anos depois, no entanto, ao tentar submeter o Império Otomano, tradicional rival, a diplomacia russa avaliou mal a correlação de forças. A chamada Guerra da Crimeia (1853-

1856), contra a aliança anglo-francesa, embora travada em território russo, revelou os pés de barro do gigante: exército mal equipado, soldados desmoralizados, oficialidade despreparada, meios de comunicação sofríveis, linhas de abastecimento mal organizadas. Foi uma catástrofe para o império, obrigado a recuar de suas pretensões *imperialistas* tradicionais na área dominada pelo Império Otomano.

A Rússia tradicional
e a rejeição da modernidade ocidental

Introduzira-se naquelas quatro décadas, entre 1815 e 1855, um descompasso que se tornara histórico entre a Rússia tsarista e as potências capitalistas mais dinâmicas da Europa. Como se a Rússia não tivesse sido capaz de acompanhar o processo de modernização (a Revolução Industrial) que estava mudando a paisagem econômica e social da Europa ocidental desde fins do século XVIII. Em 1820, a Rússia produzia mais ferro que a França ou os Estados Unidos, ou a Prússia, e o equivalente a um terço da produção inglesa. Quarenta anos depois, produzia dez vezes menos do que a Inglaterra, um terço do que produziam os EUA e tinha sido já ultrapassada pela França e até pela Prússia. Tomando um outro setor econômico chave da época, o carvão, repetem-se os termos de uma comparação desfavorável. A produção inglesa atingia em 1860 a marca de 67 milhões de toneladas, os EUA e a Prússia avizinham-se dos quinze milhões de toneladas, enquanto a Rússia produzia menos de cem mil toneladas...

Tornou-se comum, desde então, atribuir-se ao reino do tsar Nicolau I, entre 1825 e 1855, a responsabilidade pela construção do *atraso*. Não há dúvida de que se tratou do reino mais obscurantista que a Rússia teve ao longo do século XIX. E também não se duvida de que o tsar excedeu-se com gosto e convicção no exercício da repressão, contribuindo com ordens e estímulos para organizar uma sociedade de trevas, "onde cada comissário de polícia é um soberano e em que o soberano é um comissário de polícia coroado" (A. Herzen). Uma sociedade vigiada, censurada, policiada, reprimida. Mas não se poderia dizer que era estagnada ou congelada.

A propósito de uma sociedade histórica, sempre em movimento, nunca será próprio o emprego da metáfora do *congelamento*, ou da *estagnação*. Também não parece adequado atribuir a um tsar, por poderoso que fosse, suficiente força para reger e enquadrar todo um império, diverso e múltiplo. Na verdade, naquele mundo de trevas, era possível identificar, em ação, forças sociais e políticas, certamente muito diferentes, mas unidas, numa hostilidade básica ao padrão de vida que então se estabelecia na parte ocidental da Europa. Nesse sentido, o tsar poderia ser visto como o chefe obscurantista de uma sociedade apegada a valores tradicionais.

O Ocidente, o desafio ocidental, as ideias perigosas e malditas de um Ocidente em constante mutação, cultuando o *bezerro de ouro* com suas ideias materialistas e valores subversivos diversos: individualistas, liberais, socialistas, revolucionários. A Rússia hierárquica, nobre, comunitária, religiosa, tradicional, não aceitava esse padrão.

Na primeira metade do século XIX, um grande debate condensou a reflexão sobre estes dois caminhos: de um lado, pequenos grupos de nobres e/ou de intelectuais, a *intelligentsia* emergente, cultores do modelo ocidental, sintonizados com o pensamento liberal ou revolucionário da França, Inglaterra e Alemanha, os *ocidentalistas*. De outro, os *eslavófilos*, partidários das tradições caras à sociedade russa, rejeitando as maneiras de ser e de viver ocidentais. Nicolau I, à sua maneira, à maneira policial, exprimiu essa recusa. E seu reino foi tanto mais longo quanto profunda era a recusa russa ao modo de vida ocidental.

Contudo, o revés desmoralizante na Guerra da Crimeia evidenciara os limites da opção tomada, e o tsar, falecido em março de 1855, não sobreviveria à derrocada de sua utopia de trevas. Era necessário manter a recusa, mas por um outro caminho: o caminho das reformas.

O PROGRAMA REFORMISTA:
EM BUSCA DE UMA MODERNIDADE ALTERNATIVA

Alexandre II, filho e sucessor, assumiria as reformas tão logo acedeu ao poder.

Desde 1848 funcionavam comissões secretas para pensar a questão da servidão, considerada o nó maior que prendia a Rússia ao passado, um entrave ao desenvolvimento econômico e social, uma chaga moral, envenenando e tornando miseráveis as relações sociais. Desenvolvendo-se a partir do século XVII, a servidão teve um percurso próprio no império russo. A cada impulso modernizante, ao longo dos séculos XVII e XVIII (reformas de Pedro, o Grande, e de Catarina II), o sistema, longe de se abalar, ganhava corpo e raízes. Enquanto se enfraquecia na Europa, fortalecia-se na Rússia. No mesmo movimento, autonomizando-se perante o Estado, cresciam a importância, a força e o prestígio dos nobres, dominando os *mujiks*, convertendo-se, segundo a tradição russa, muito simbólica, em senhores de *almas*. Entretanto, a derrota na guerra já não deixava dúvidas. Mesmo porque o cataclismo fora precedido e acompanhado por crises na ordem econômica e por crescentes demonstrações de insatisfação nos campos e nas cidades. As pressões vinham agora de toda parte, tornando-se inexoráveis. Para sobreviver, era preciso reformar ou perecer.

As reformas sob o impulso e a liderança de Alexandre II marcaram época.

A principal, de longe, foi a abolição da servidão, decretada em fevereiro de 1861. Emancipou todos os servos, observados curtos períodos de transição, segundo modalidades de servidão e características regionais. Atribuiu terras aos *mujiks*, mas não todas, como era sua reivindicação histórica. E não aos indivíduos ou às famílias, mas às *comunas*, reorganizadas e reforçadas em sua função básica de redistribuir a terra aos habitantes do *mir*. Mas o acesso definitivo à terra não seria gratuito. Os *mujiks* teriam que pagar por elas, e caro, em dezenas de prestações anuais, ao Estado, que assumiu aí o papel de intermediário, financiando o processo e ressarcindo, em tese, os nobres pelas terras que estavam perdendo. Em tese, porque, sendo colossais as dívidas da nobreza, o processo, em muitas regiões, reduziu-se a uma liquidação de hipotecas.

Seguiram-se, ao longo dos anos 60 e 70, outras reformas, também fundamentais, alcançando diferentes dimensões da sociedade.

Nas finanças públicas, determinou-se a confecção de um orçamento de Estado, devidamente publicado, e organizou-se uma nova sistemática de impostos com procedimentos de controle sobre o Tesouro, a arrecadação e as despesas. Dinamizaram-se as estruturas educacionais, melhorando o ensino em todos os níveis e conferindo margens de autonomia às universidades. Na administração da Justiça, criaram-se garantias à magistratura, até então inexistentes, e instituiu-se o júri, com direito de defesa assegurado ao réu com debates contraditórios, públicos. Do ponto de vista do poder político, instituições intermediárias permanentes foram autorizadas: nas províncias e distritos, os *zemstva*; nas cidades maiores, as *dumas*. Dispunham de uma certa autonomia, orçamento próprio, poder para contratar pessoal e jurisdição sobre certos setores: educação, saúde, transportes públicos, iluminação etc. Finalmente, mas não menos importante, uma profunda reorganização nas Forças Armadas: do alto comando ao recrutamento, as estruturas militares foram reformadas no sentido de adaptá-las às exigências modernas que já não se podiam ignorar depois da Guerra da Crimeia.

Desde que foram promulgadas, entre os contemporâneos, e até hoje, nas *batalhas historiográficas*, as reformas de Alexandre II foram, e são, objeto de acesas controvérsias.

Modernizantes, sem dúvida, conseguiram superar alguns entraves históricos, sobretudo o principal deles, representado pelo regime da servidão. Mas mesmo a *grande reforma* seria questionada e até rejeitada, com diferentes argumentos e por forças disparatadas.

Os *mujiks* haviam ganho a emancipação e a terra, mas permaneceram como cidadãos de segunda classe, objetos de múltiplas restrições e controles. Como já se viu, não conseguiram toda a terra, e ainda tiveram que pagar pela parte que lhes coube. Acederam às terras em complicadas negociações com os senhores, mediadas frequentemente por autoridades arbitrárias. Daí por que muitos se sentiram logrados. Em certas partes do império houve insatisfação e revoltas, sufocadas a ferro e fogo.

Os revolucionários, mesmo os mais moderados, sentiram-se ultrajados e traídos. Denunciaram a reforma como engodo e farsa. E declararam guerra ao tsarismo. De seu exílio londrino, Alexandre Herzen, que, em certo momento, cultivara a convicção de que as reformas poderiam ser, e seriam, mais profundas, evitando-se com elas um desfecho catastrófico de revoltas e repressão, acusou o golpe e alinhou-se com a *intelligentsia* mais radical. Esta, estimulada e liderada na Rússia por N. Tchernichevsky, que sempre duvidara do alcance real de reformas empreendidas *pelo alto*, não dissimulou a hostilidade, radicalizando atitudes e posições. Na revista legal *O Contemporâneo* (*Sovremenik*), cresceu a agitação cultural e política, o que levou a seu fechamento. Tchernichevsky seria preso e deportado em 1862. No mesmo ano, porém, a fundação da primeira organização revolucionária clandestina Terra e Liberdade (*Zemlia i Volia*) marcou uma reviravolta. A *intelligentsia* passava à luta sem quartel contra o tsarismo, recorrendo inclusive a ações armadas.

A nobreza enfraqueceu-se de modo decisivo. Entrou em processo de lento declínio, do qual, como classe, não mais se recuperou, embora alguns setores, capazes de adaptar-se aos novos tempos, tenham conseguido até aumentar suas riquezas.

Avantajou-se o Estado, o grande vitorioso, sem dúvida. Com a nobreza perdendo ímpeto e o reforçamento da dependência estatal das estruturas comunitárias em cada aldeia, o *mir* e a *obchina*, o Estado, designado como intérprete do *interesse geral*, parecia reunir condições para impulsionar reformas ainda mais abrangentes. Mas isso também não aconteceu. Pressionado pelas forças conservadoras e por conselheiros reacionários, o tsar considerou que fora longe demais. Demitiu, fez retrogradar, ou isolou, as lideranças reformistas mais ativas e consequentes, o chamado *partido vermelho*, que se agrupara no Ministério do

Interior sob a liderança do conde Lanskoi, reunindo funcionários nobres e plebeus, entre os quais os irmãos Nicolau e Dmitri Miliutin, principais cérebros das mudanças empreendidas.

Ao contrário da *intelligentsia*, partidária das mudanças pela revolução, com base em insurreições camponesas igualitaristas, representavam uma outra tradição russa – a *intelectocracia*, uma outra via, a da promoção das mudanças por meio de reformas *pelo alto*, pelo Estado. Em comum, *intelligenti* e *intelectocratas* tinham a perspectiva de uma *outra modernidade*, distinta do modelo ocidental, preservando valores que conferiam especificidade à sociedade russa. Mas seus projetos baseavam-se em distintas forças sociais e formulavam diferentes objetivos e formas de encaminhamento.

Com o recuo do tsar, o processo reformista perdeu força, estiolou-se a meio caminho.

Superestimando a insatisfação popular e os fatores de crise, imaginando a configuração de um impasse catastrófico, importantes setores da *intelligentsia* pensaram ter chegado a sua hora. D. V. Karakozov, em ação isolada, tentaria sem êxito matar o tsar, em abril de 1866, inaugurando na Rússia a tradição do *justiçamento* de autoridades com o objetivo de desestabilizar a ordem.

Ao mesmo tempo, surgiam outras ideias e lideranças radicais. S. Netchaev e a defesa da construção de uma organização clandestina, reunindo revolucionários comprovados, completamente devotados à causa, homens sobre-humanos, capazes de resistir com êxito ao cerco da polícia política. P. Tkatchev e a ideia fixa de alcançar o poder, tomá-lo, para fazer dele um instrumento de transformação social. P. Lavrov e a proposta de um paciente trabalho de transformação das consciências pela propaganda do ideário revolucionário, a ser realizado por homens e mulheres de uma dedicação a toda prova, dispostos a abandonar seus quadros de vida em prol da emancipação da sociedade em que viviam.

Animados por tais projetos, em meados dos anos 70, milhares de jovens partiram para o campo, na tentativa de sublevar os *mujiks* em nome de uma real emancipação, negada pela reforma tsarista. Foram ao povo (*narod*) e passaram à história com a aura de revolucionários abnegados e determinados (*narodniks*), dispostos a tudo, até mesmo a entregar a própria vida em defesa de uma modernidade revolucionária e dos ideais de liberdade política e de igualdade social. Mas o povo não os reconheceu, nem a seus projetos salvacionistas. Entre 1873 e 1877, seriam presos (1.611), muitas vezes delatados pelos próprios *mujiks*, processados e condenados (844), sob a simpatia condoída, mas impassível, da sociedade.

Enquanto a fúria revolucionária multiplicava ações e organizações (fundação de uma segunda Terra e Liberdade, em 1876), fortaleciam-se os setores conservadores, solicitando medidas e políticas de contrarreforma. Nessa dialética infernal, condenado em 1879 à morte pelos revolucionários, o tsar seria finalmente executado, em março de 1881, depois de várias tentativas frustradas, por uma nova organização radical, a Vontade/Liberdade do Povo (*Narodnaia Volia*). Num aparente paradoxo, o tsar *emancipador* terminava seus dias estraçalhado a bombas. Contudo, ao contrário do que esperavam os revolucionários, não se desestabilizou a ordem, nem o povo se comoveu, salvo para chorar o imperador morto. O atentado teve assim dois resultados: a ascensão de um novo tsar, o filho do defunto, Alexandre III, comprometido com as forças mais reacionárias do império, e a intensificação da repressão política.

MUTAÇÕES E CONTRASTES NA RÚSSIA IMPERIAL

Mas as reformas empreendidas, embora parciais e incompletas, abriram horizontes novos à Rússia. Brechas por onde entrariam diferentes forças políticas, sociais e econômicas, configurando, desde os anos 60, e sobretudo a partir dos anos 90, outras mutações.

O crescimento demográfico *explosivo*: entre 1865 e 1890, a população cresceu 156%. De 1890 a 1913, mais 145%. Em números absolutos, um salto de 75,1 para 170,9 milhões de *almas*, sem que se verificasse no período nenhuma anexação territorial e/ou populacional expressiva. É certo que as precárias estatísticas russas autorizariam diversas estimativas, mas não há divergências entre elas na caracterização da ordem de grandeza das transformações demográficas verificadas. Ou seja, apesar da baixa produtividade da economia em geral, e da produção agrícola, em particular, em virtude do aumento da taxa de natalidade e da redução da taxa de mortalidade, houve um crescimento apreciável da população: entre 1861 e 1870, uma progressão anual de cerca de um milhão de habitantes; desde então e até 1913, mais 2,4 milhões por ano. Um aumento formidável de bocas a alimentar, de braços à procura de trabalho. Uma pressão extraordinária, se não fosse bem administrada, poderia ter consequências dramáticas.

A progressão da rede de estradas de ferro, induzida pelo Estado, basicamente por considerações de ordem estratégica, teve, como já fora o caso na Europa ocidental, um imenso impacto na intensificação do comércio interno e externo e no aumento da produção de setores industriais correlacionados: o carvão (as minas do Donetz), o ferro (Krivoi Rog), a metalurgia (os complexos do Donetz e do vale do Dniepr), o petróleo (Baku). Em 1865, uma década depois de emergir da derrota da guerra da Crimeia, a Rússia dispunha de apenas 3,8 mil quilômetros de estradas de ferro. Em 1913, era de 70,2 mil quilômetros a rede disponível. Um crescimento de 809% numa primeira fase, entre 1865 e 1890. Daí a 1913, mais 229%.

O comércio externo, apoiado no aumento das exportações, basicamente de cereais, registrou quase sempre superávits expressivos, permitindo compras de máquinas e equipamentos no mercado internacional, encorajando o fluxo de empréstimos da França e da Bélgica, sobretudo, mas também da Alemanha e da Inglaterra, e uma corrente importante de investimentos europeus, principalmente em setores tecnológicos de ponta. Em 1900, nas minas, alcançavam cerca de 70%; na metalurgia, cerca de 42%; proporções semelhantes eram registradas nos setores químico e elétrico.

Enquanto os capitais internacionais assenhoravam-se, direta ou indiretamente, dos setores industriais mais dinâmicos, fortalecia-se a burguesia russa nos centros industriais mais antigos: Tula e Riazan, na Rússia central, Kharkov, na Ucrânia oriental, as cidades ao longo do Rio Volga, todas dedicadas a atividades mais tradicionais, mas também importantes: tecidos, vestuário, alimentos, mobiliário etc. Os russos conservavam também posições no setor bancário altamente monopolizado, muitas vezes associados a interesses internacionais.

Formava-se uma articulação de capitais nacionais e internacionais, patrocinada, estimulada e protegida pelo Estado. Uma política sistemática, implementada por um outro *intelectocrata*, S. Witte, entre 1892 e 1903, aplicara um conjunto de medidas coerentes, construindo um quadro favorável para o crescimento industrial e as exportações: tarifas alfandegárias altas, reserva de mercado, orçamento equilibrado, moeda forte, fiscalidade baseada em impostos indiretos, política agressiva de atração de capitais externos, encomendas diretas a setores determinados (indústria bélica) e, quando era o caso, controle direto, como no caso das estradas de ferro (dois terços controlados pelo Estado). A Rússia imperial abria, finalmente, as portas para o desenvolvimento do capitalismo, numa perspectiva de subordiná-lo aos interesses do Estado. Nos setores mais dinâmicos da economia, carentes de tecnologia sofisticada, e, por extensão, no conjunto da sociedade, criava-se uma situação de dependência aos capitais internacionais, mas a Rússia conseguiria manter um grau considerável de autonomia. Como gostava de dizer S. Witte, e com razão, "a Rússia não era uma China".

A incidência desse processo no crescimento urbano foi notável. Até às vésperas da Primeira Guerra Mundial, embora ainda uma sociedade fundamentalmente agrária, a Rússia assistiu a uma transformação significativa da paisagem de suas cidades e do peso relativo destas no conjunto do império. No início do século XX, São Petersburgo e Moscou já tinham mais de um milhão de habitantes (1,2 e 1,0 milhão, respectivamente). Destacavam-se mais alguns outros centros urbanos, registrando grandes progressos: na Polônia russa, Varsóvia e Lodz, com 640 e 400 mil habitantes, respectivamente; nos Estados bálticos, Riga

(290 mil habitantes); na Ucrânia, Kiev, Kharkov e Odessa (250, 100 e 400 mil habitantes). Algumas dezenas de pequenas cidades, essencialmente industriais, surgiam como do nada, reunindo de 50 a 100 mil pessoas. A população urbana quase dobrara em menos de quarenta anos, alcançando cerca de 15% (alguns estimariam em 18%) da população total.

A classe operária industrial aumentara dois terços em pouco menos de dez anos, passando, entre 1890 a 1900, de cerca de 1.500 trabalhadores a quase 2.400. Considerada uma média de 4/5 pessoas por família, um pouco mais de doze milhões de pessoas vivendo em torno dos setores industriais.

Todos esses números, expressivos em si mesmos, evidenciando um notável progresso, careceriam, no entanto, de uma certa relativização: boa parte das cidades russas era ainda cercada pela economia e cultura agrárias, ou ainda profundamente impregnada por hábitos e costumes camponeses. A própria cidade de Moscou, a segunda maior do país, continuava imersa numa atmosfera camponesa, o casario de madeira, a presença dos *mujiks* no próprio interior da classe trabalhadora, voltando maciçamente aos campos na época das colheitas e das semeaduras.

Numa outra dimensão, e apesar dos progressos referidos, inegáveis, a economia russa evidenciava limitações no contexto internacional. O estudo comparado de alguns setores estratégicos (energia, aço, estradas de ferro, carvão, algodão), entre 1860 e 1910, quando a Rússia passou por seus *booms* de crescimento, mostra a posição retardatária do império tsarista. Longe, em décimo lugar, atrás não apenas das grandes potências da época (EUA, Inglaterra, Alemanha, França e Japão), mas também da Bélgica, Suécia, Suíça e Espanha. O quadro ainda se tornaria mais dramático se adicionados os índices de produtividade no campo. Já outros cálculos, considerando o volume total da produção, poderiam apresentar resultados mais animadores, mascarando as extremas desigualdades de um imenso país de grande população, uma potência aparente, mas ainda conservando decisivas fragilidades.

A mensuração dos avanços e a avaliação dos progressos, questões aparentemente simples, gerarariam grandes *batalhas historiográficas*. As questões em jogo não eram nem um pouco desprezíveis: demonstrar, ou não, o tsarismo como fator de *bloqueio* histórico inarredável, justificando, ou não, uma revolução emancipadora. Mais tarde, evidenciar, ou não, os progressos realizados, como forma de *provar*, ou não, as bases materiais e, em consequência, as possibilidades da construção do socialismo na União Soviética.

Mas sempre houve um consenso: o desequilíbrio, o atraso e as carências da agricultura. Os progressos efetuados pelas grandes culturas de exportação não conseguiam impedir a constatação de que a Rússia estava exportando alimentos em troca da fome das próprias populações.

Assim, o influxo do capitalismo na Rússia, apesar do progresso proporcionado, não foi capaz de resolver os problemas acumulados e acentuou contrastes no processo de desenvolvimento econômico em curso. Em espaços contíguos, era comum constatar a existência do que havia de mais avançado e de mais atrasado no mundo de então. Na bacia carbonífera do Donetz, na Ucrânia, coexistiam indústrias metalúrgicas de ponta e o arado de madeira, empregado ainda por cerca de 50% das explorações agrícolas vizinhas. Também no sul, moderníssimas refinarias de açúcar combinavam-se com o trabalho semisservil dos *mujiks*. Sem falar das indústrias de material de precisão de São Petersburgo, ou da indústria petrolífera de Baku, onde equipamentos de última geração, do ponto de vista da tecnologia disponível, eram manejados, às vezes, por operários trabalhando em condições de vida de um outro século. Diferentes etapas históricas, universos contraditórios, mas entrelaçados, integrados.

O *desenvolvimento desigual e combinado* (Trotski) não se resumia ao mundo da economia e da produção. Marcava o conjunto da sociedade, onde se mesclavam, como diferentes expressões de uma mesma Rússia, os refinados aristocratas que se exprimiam com mais conforto em francês do que na língua materna e o *mujik* rude e iletrado. As moças rendadas da elite e as

As Revoluções Russas

camponesas atracadas nas pesadas fainas agrícolas. Os bailes cintilantes de cristais e pratarias em que confraternizavam as famílias ricas e poderosas e as fétidas cantinas onde comiam os trabalhadores.

Em cada dimensão da cultura contemporânea, a Rússia sustentava a comparação com o que havia de melhor: a graça dos balés (S. Diaghilev) e das bailarinas (A. Pavlova), o teatro (A. Tchekhov), a ópera (S. Prokhofiev), a poesia (V. Maiakovski, A. Akhmatova), a prosa (L. Tolstoi, F. Dostoevski, M. Gorki), a música (N. Rimski-Korsakov, S. Rachmaninov, I. Stravinski), a pintura (M. Larionov). Os bulevares e a graça de São Petersburgo, a Veneza do Norte das trezentas pontes, e as aldeias lamacentas nas estepes sem fim. Elites brilhantes, *civilizadas*. Sociedade fosca, bruta, chula. Flores no pântano. Pérolas e porcos.

Progresso e atraso em doses tão desproporcionais constituíam uma perigosa mistura de arrogância e de ressentimento. Segundo as circunstâncias, a combinação poderia gerar explosões imprevisíveis.

As elites conservadoras, porém, mantinham-se, em geral, agarradas ao sempiterno amaldiçoamento das mudanças, de qualquer mudança, fosse qual fosse sua natureza. Tinham do progresso material uma concepção meramente instrumental. Imaginavam-no apenas como uma ferramenta para consolidar a própria dominação, como se fosse possível separar máquinas e fábricas dos valores subjacentes e dos modos de vida que as pressupunham. A rigor, desejavam conjurar os abismos retrocedendo no tempo. Já haviam condenado as reformas empreendidas por Alexandre II, fazendo o possível para entravá-las, sabotá-las, derrotá-las. Com muito mais razão, condenariam os surtos capitalistas, que *ocidentalizavam* a Rússia. Agrupavam-se na corte imperial e nas instituições conexas (Conselho de Estado, Senado do Império), incentivando o tsar a defender as prerrogativas de autocrata e a recusar concessões de ordem política.

Mesmo no topo da pirâmide, entretanto, começavam a destacar-se correntes renovadoras, *liberais*.

Eram muito diversas e contraditórias, desde os mais moderados, que pressionavam por um ensaio de monarquia constitucional, pela convocação de uma assembleia consultiva e pelo reconhecimento de uma plataforma de liberdades civis, aos mais radicais que passaram a se organizar na ilegalidade: em 1902, na Alemanha, fundaram uma revista, *Liberdade*, que circulava clandestinamente na Rússia. Na sequência, em 1904, sempre na ilegalidade, formariam um partido, a União da Liberdade, comprometido com a luta contra a autocracia e por um programa favorável à convocação de uma Assembleia Constituinte. As correntes liberais reuniam nobres reconvertidos em empresários, capitães de indústria, professores, advogados, médicos, representantes e funcionários dos *zemstva* e das *dumas*, enfim, os filhos das reformas e dos surtos *desenvolvimentistas* desencadeados desde os anos 1860. Pensavam em controlar a autocracia, alguns poucos chegavam mesmo a desejar sua derrubada. Na diversidade que era a deles, compartilhavam a convicção de que aquelas tradições tinham seus dias contados e que era necessário preparar o futuro, para que a transição pudesse se realizar em ordem.

Entretanto, também na clandestinidade, outras alternativas, revolucionárias, se gestavam.

O POPULISMO REVOLUCIONÁRIO RUSSO

O *populismo*, apesar das derrotas políticas, da desarticulação de suas principais organizações, *Zemlia i Volia* e *Naradonaia Volia*, e das duras perseguições a que foram submetidas seus partidários, sobreviveu aos reveses. Com base em múltiplos grupos autônomos, formados nas cidades e em centros rurais, ao longo dos anos 90, empreendeu-se a fundação de um novo partido, afinal constituído em 1902: o Partido Socialista Revolucionário. Reunia militantes históricos, ainda aureolados pelos enfrentamentos dos anos 70 e 80, como Catarina Brechko-Brechokovskaia, a *decana* do movimento revolucionário russo, Natanson, Gotz, e indivíduos de uma geração mais jovem, como G. Guerchuni e V. Tchernov. Assumiam todos a tradição revolucionária multifacética construída desde os anos 60: a propaganda revolucionária, o trabalho de organização, as greves, a ação direta, os atentados a autoridades consideradas responsáveis pela ordem vigente. Ao mesmo tempo, o novo partido formulou um programa comprometido com as liberdades civis e políticas, por uma Assembleia Constituinte, adaptando-se, assim, às novas circunstâncias promovidas pelas transformações por que estava passando a sociedade russa. Muitos consideravam os socialistas revolucionários (*SRs*) mais como uma confederação de grupos do que como um partido, no sentido próprio do termo. O fato é que, apesar da fluidez de suas estruturas organizativas, ou por causa disso mesmo, e também porque se referiam a toda a gesta heroica da resistência ao tsarismo incorporando-a, os *SRs* encontravam eco na sociedade, disseminando-se, parecendo corresponder a certas tendências que, embora difusas, estavam bem ancoradas na sociedade russa: os ideais comunitários e igualitários, as demandas libertárias e a recusa aos valores propagados pela *modernidade* ocidental.

Os populistas desejavam construir uma *outra modernidade*. Não gratuitamente aproximaram-se de K. Marx. Os *narodniks* apreciavam em Marx a crítica devastadora ao sistema capitalista. Foi um intelectual populista, Natanson, que traduziu pela primeira vez *O capital* para a língua russa. Encontravam no revolucionário alemão argumentos adicionais para a propaganda no sentido de evitar na Rússia o capitalismo, considerado um regime execrável. Por isso mesmo, procuraram-no, estabelecendo intensa correspondência sobre a hipótese de ser possível na Rússia efetuar, com base nas comunas rurais e nas tradições igualitárias do campo russo, um *salto* revolucionário histórico, das estruturas comunitárias tradicionais ao socialismo, sem passar pelo capitalismo.

Marx chegou a admitir a possibilidade do *salto* sob duas condições: a de que as comunas agrárias resistissem com êxito ao avanço do capitalismo e, mais importante, a de que uma revolução russa fosse acompanhada pela vitória do proletariado internacional, ensejando que este último, *avançado*, pudesse vir em socorro da Rússia *atrasada*.

A SOCIAL-DEMOCRACIA E O MARXISMO NA RÚSSIA: BOLCHEVIQUES E MENCHEVIQUES

A corrente social-democrata constituiria uma outra vertente do movimento revolucionário. Originou-se de uma cisão ocorrida no congresso da *Zemlia i Volia*, em 1879. Descontentes com as ações diretas de vanguarda, espetaculares, mas consideradas ineficazes, um grupo de militantes, entre eles G. Plekhanov e P. Axelrod, defendia um trabalho político de agitação das consciências, a longo prazo. Mais tarde, já no exílio, aproximaram-se das ideias de K. Marx e F. Engels, alinhando-se com as grandes teses da social-democracia internacional que então se afirmavam em diversos países da Europa central e ocidental.

Em 1883, fundaram um grupo, Emancipação do Trabalho, e uma editora, a Biblioteca do Socialismo Contemporâneo, retomando, em outro viéis, a tradição constituída por A. Herzen desde os anos 50, no exílio londrino. Tratava-se, mais uma vez, de produzir textos, teóricos e informativos, e contrabandeá-los para o interior do império para despertar consciências e formar grupos revolucionários.

Descrentes quanto às comunas agrárias, em dúvida quanto ao potencial revolucionário dos *mujiks*, tenderam a incorporar o marxismo evolucionista-determinista então em voga no ambiente intelectual da social-democracia internacional, cujo catecismo era *o anti-Dhuring*, de F. Engels.

Plekhanov, ao longo dos anos 80 e 90, foi quem melhor encarnou a ortodoxia desse marxismo russo nascente: o socialismo na Rússia não mais se basearia, como pensavam os populistas, no campesinato, nas tradições rurais igualitárias e na comuna agrária, mas no progresso urbano, na classe operária emergente, na fábrica.

Nas condições existentes, tratava-se, numa *primeira etapa*, de concentrar energias e formar as mais amplas frentes políticas no sentido da derrubada da autocracia tsarista e da construção de uma República democrática, fundada no reconhecimento das mais amplas liberdades civis e políticas, definidas e consagradas por uma Constituição. Nesse quadro, o capitalismo, a

AS REVOLUÇÕES RUSSAS

burguesia e a classe operária teriam, afinal, plenas condições de livre desenvolvimento. Os revolucionários marxistas, na primeira etapa, deveriam formar o seu partido, propagar o socialismo e lutar contra o tsarismo, preservando sua autonomia organizativa e uma identidade política própria.

Instaurada a República, começaria uma *segunda etapa*, quando as condições históricas, marcadas pelo enfrentamento direto entre burguesia e proletariado, permitiriam a luta aberta e direta pelo socialismo, como já vinha acontecendo no contexto da Europa ocidental.

As teses da revolução em duas etapas demarcaram os campos entre *populistas* e *marxistas*. Para os primeiros, os marxistas não passavam de mais uma versão da tradição *ocidentalizante*. Fantasiados de revolucionários, iriam, de fato, paralisar as energias revolucionárias e induzir ao conformismo histórico, à espera da consecução da *primeira etapa*. Para Plekhanov e seus discípulos, em contraste, os populistas não passavam de socialistas utópicos, abnegados, sem dúvida, mas incapazes de compreender as novas circunstâncias históricas. Queriam fazer a roda da história voltar para trás. Nesse sentido, eram reacionários, no sentido próprio da palavra.

Nos anos 90, no contexto de uma intensa luta teórica e política, e em condições de clandestinidade, os primeiros partidos políticos socialistas marxistas russos começaram a tomar forma. Em 1892, surgiu o *Bund*, organização de judeus marxistas, intelectuais, artesãos e operários. Em 1894, na Polônia russa, formou-se um outro partido social-democrata, igualmente inspirado no marxismo. No ano seguinte, em São Petersburgo, apareceu a União de Luta pela Emancipação da Classe Operária, reunindo intelectuais marxistas e lideranças operárias. Um pouco mais tarde, em 1898, fundou-se, afinal, um partido social-democrata russo. Embora desmantelado pouco depois pela polícia política, estabeleceu um marco.

Do exílio, em torno de um jornal, *Faísca* (*Iskra*), a partir de fins de 1900, iniciou-se um outro processo de articulação de grupos para refundar o partido, liderada pelos veteranos do

Grupo Emancipação do Trabalho (G. Plekhanov, P. Axelrod e V. Zassulitch), em aliança com intelectuais marxistas de uma nova geração, já experimentados em lutas, exílios e prisões, V. Ulianov, I. Martov e Potresov. Estruturou-se uma rede, em que cedo se afirmou a liderança de V. Ulianov, conhecido pelo pseudônimo que passou à história: Lenin.

A rede foi crescendo. Algum tempo mais tarde, as condições amadureceram para a realização de um novo congresso. Reunindo 51 delegados, de grupos atuantes na Rússia e no exílio, foi realizado no estrangeiro, em julho e agosto de 1903, onde as condições de segurança eram mais propícias. Mesmo assim, teve que enfrentar problemas com a polícia. Iniciado em Bruxelas, os delegados tiveram que encerrá-lo em Londres.

O Congresso parecia destinado ao sucesso. Havia acordo em torno de aspectos básicos: a revolução em duas etapas, orientações para as lutas sociais, consolidação de uma identidade própria, distinta da tradição populista.

Entretanto, na última parte dos trabalhos, quando se tratou de aprovar o estatuto do partido, surgiu uma divergência inesperada: Lenin e Martov apresentaram propostas diferentes.

A do primeiro, de acordo com teses defendidas em trabalho publicado em abril de 1902, *Que fazer?* [*Chto Delat?*], defendia uma concepção de organização mais estrita: só poderia ser considerado filiado, com direito de voto, os militantes que participassem regularmente em organizações do partido. Lenin propunha uma organização de *profissionais*, totalmente devotada à ação política, capaz de resistir ao rigor repressivo da polícia política tsarista, disponível, sem restrições, para as *tarefas revolucionárias*. Em termos teóricos, retomava fórmulas de K. Kautsky sobre a relação entre teoria e prática, atribuindo aos social-democratas a função de levar a consciência socialista ao proletariado de *fora para dentro*. Deixada a ela mesma, a classe operária, na melhor das hipóteses, estaria apta a alcançar uma consciência *sindicalista*, que enseja a luta para melhorar as condições de venda da força de trabalho, sem questionar o sistema capitalista, que pressupõe essas condições.

A teoria kautskiana, impregnada de elitismo, não provocou controvérsias. Mas o mesmo não ocorreu em relação à *profissionalização* do partido ou com a proposta, derivada, que reservava a condição de filiados aos que participassem regularmente de uma de suas organizações.

Martov propôs uma outra abordagem: seriam filiados todos os que concordassem com o programa político e observassem as orientações da direção partidária, sem a obrigação de participação regular em uma de suas organizações.

Para muitos, uma diferença quase imperceptível, considerando-se as condições que os social-democratas então enfrentavam na Rússia. Mas houve um debate longo e apaixonado sobre a questão. A proposta de Martov venceu por escassa maioria: 27 a 24 votos.

Entretanto, quando o Congresso votou a questão decisiva da composição da direção partidária e do comitê de redação da *Iskra*, a correlação de forças mudara. Oito delegados, que haviam votado com Martov, tinham se retirado do plenário. Seis vinculavam-se ao *Bund*: reivindicavam autonomia interna no partido para os marxistas judeus, negada por esmagadora maioria. Outros dois, considerados *economicistas*, partidários de uma ênfase decisiva no trabalho sindical, também abandonariam o Congresso, contrariados com críticas pesadas às suas teses.

Assim, os partidários de Lenin mantiveram seus 24 votos, mas a Martov só restavam dezenove. A maioria (*bol'chinstvo*) tornara-se minoria (*men'chinstvo*), e a minoria, maioria. O Comitê Central e a direção do jornal foram eleitos com maioria de partidários de Lenin.

Martov considerou o resultado inaceitável, recusou-o, acirrando os ânimos. Pouco depois do Congresso, nova reviravolta. G. Plekhanov, que votara com Lenin no Congresso, inclinou-se pelos adversários, modificando a correlação de forças no comando da *Iskra* (constituído por Lenin, Martov e Plekhanov). Agora, as denúncias viriam de Lenin, que fundou um outro jornal, *Avante*! (*Vperiod*), aprofundando a divisão, que se tornou uma verdadeira cisão.

A social-democracia russa estava nascendo *rachada* em duas alas: de um lado, Lenin e seus correligionários. Passariam à história com o nome de bolcheviques, de *bol'chinstvo* (maioria), embora, desde o Congresso de fundação, nem sempre fossem majoritários, apesar de mais organizados e eficientes no trabalho prático. De outro, Martov e seus partidários, que acabaram aceitando a pouco desejável alcunha de mencheviques, de *men'chinstvo* (minoria).

Os debates que se seguiram, pela virulência dos termos empregados, nem sempre compreendidos pelos não iniciados, deixariam profundas feridas. Em 1905, apesar das pressões pela reunificação, empreendidas pelas instâncias dirigentes da Internacional Socialista e também por bases social-democratas no interior da Rússia, bolcheviques e mencheviques realizaram no exílio congressos políticos distintos, cristalizando a separação.

Assim, quando a grande revolução social de 1905 apontou no horizonte imediato, aqueles que tanto haviam sonhado e se preparado para ela encontravam-se divididos e enfraquecidos para participar com sucesso dos acontecimentos.

2. As revoluções russas

No processo das *revoluções russas*, há quatro conjunturas que se entrelaçam, embora não seja possível estabelecer entre elas uma relação de causalidade ou de encadeamento inevitável: 1905, as duas revoluções de fevereiro e outubro de 1917 e a sempre esquecida de 1921. Com o passar do tempo, houve uma tendência, sobretudo entre os revolucionários vitoriosos, mas também entre especialistas no assunto, a construir um nexo necessário entre esses episódios, como se fossem elos de uma mesma corrente. Nessa configuração, a revolução de 1905 teria sido o *prólogo* das de 1917, a insurreição de outubro aparecendo como *epílogo* e a de 1921 considerada apenas uma revolta, ou desqualificada como um episódio *contrarrevolucionário*. Trata-se de uma ilusão retrospectiva, não incomum na história.

As revoluções aconteceram sem prévia determinação de qualquer natureza e não estavam inscritas em nenhuma *lógica*. Não muitos contemporâneos, mesmo revolucionários experimentados, que as desejavam, lidaram com elas como hipóteses prováveis. Outros nem sequer as previram. Foram construídas no contexto de entrecruzamentos e de choques de imensas forças sociais e políticas em ação, de opções tomadas por suas lideranças e partidos, condicionadas por circunstâncias, nacionais e internacionais, que nenhuma delas, individualmente, controlava. Por essas razões, os resultados foram sempre inesperados e surpreenderam a Rússia e o mundo.

Uma catástrofe social, um vendaval histórico, sentidos e assumidos como tais por todos os contemporâneos.

A revolução de 1905

Em 1905, a revolução começou num domingo de inverno, 9 de janeiro. Uma grande manifestação reuniu-se, pacífica, para levar ao tsar, por meio de um manifesto, queixas e reivindicações. O tom geral era de *Antigo Regime*: os súditos, como crianças, suplicavam ao tsar *paizinho* (*batiuchka*) atenção e proteção. Mas as reivindicações eram *modernas*: jornada de trabalho de oito horas, salário mínimo, eleições, assembleia representativa. Misturavam-se as épocas no que diziam e nas formas em que se manifestavam e se organizavam os trabalhadores, avançando em direção ao Palácio de Inverno em São Petersburgo, com suas mulheres, ícones e crianças.

O tsar não se dignou a recebê-los, nem estava no Palácio. A tropa disparou a metralha sobre a população indefesa, fazendo dezenas de mortos e centenas de feridos.

O massacre não intimidou. Gerou indignação e revolta, dando início à revolução.

Ao longo do ano, nas cidades, em torno dos operários em luta, três imensas ondas de manifestações e greves quase submergiram o país: em janeiro-fevereiro, em maio, em setembro-outubro. Exigiam a realização do programa político e social que marcara as últimas décadas da história da social-democracia na Europa ocidental: liberdades políticas e sindicais, previdência social, condições dignas de vida e de trabalho. E adotaram a greve política de massas como forma de luta, organizando-se, a partir de uma desconhecida cidade ao norte de Moscou, em conselhos (*sovietes*), que se disseminariam como uma *praga* por todo o império.

Os sovietes tiveram enorme e imediato sucesso: formas de organização ágeis, flexíveis, informais, descentralizadas, com uma hierarquia interna frouxa e uma burocracia mínima, quando não inexistente, com um conceito de representação fluido, sem mandatos fixos, adaptada, nessa medida, aos rigores impostos por uma legislação altamente repressiva e por uma eficiente polícia política. Construídos para impulsionar as lutas sociais e políticas, não se limitaram a isso, desempenhando também, em situações críticas, determinadas funções governamentais (abastecimento, trânsito, iluminação, saúde pública etc.), ensaiando-se, assim, como poder paralelo, alternativo.

As lutas urbanas abrangeram também as camadas médias da população e as correntes liberais que, desde 1904, mobilizavam o pensamento crítico do país por um regime de liberdades e pela Assembleia Constituinte. Acionaram um recurso muito empregado pelos liberais franceses no século XIX – a realização de banquetes onde se faziam articulações políticas e discursos veementes contra a ordem vigente. Em maio de 1905, as uniões profissionais organizaram uma federação, a União das Uniões. Entre outras reivindicações, propunham a eleição de uma Assembleia Constituinte com base no sufrágio universal. O movimento, no entanto, não se restringiu às cidades.

Nos campos, a exemplo dos movimentos sociais urbanos, os camponeses desencadearam invasões, depredações, saques, protestos, organizando cooperativas, associações, comitês, questionando a cobrança de impostos e o recrutamento compulsório para as Forças Armadas. Em maio, formou-se uma União Pan-Russa de camponeses. Em julho, um congresso, com uma centena de deputados, representando 22 províncias, aprovou um programa que previa a nacionalização da terra e também a eleição de uma Assembleia Constituinte. Entre os soldados e marinheiros, eclodiu igualmente a rebeldia na forma de motins, na base de Kronstadt, no Golfo da Finlânida, e na histórica revolta do Encouraçado Potemkin, no Mar Negro, ao largo de Odessa, imortalizada pelo filme de Eisenstein. Finalmente, as nações não russas, principalmente no Ocidente (poloneses, finlandeses, letões) e no Cáucaso (georgianos), sublevaram-se contra a opressão imperial, exigindo autonomia cultural e política, e, entre os mais radicalizados, a completa independência, que chegou a ser proclamada, e a sobreviver por um curto período, na Geórgia.

Os movimentos tinham causas profundas que se podiam sintetizar nos contrastes agudos que permeavam o império: uma sociedade que se tornava *moderna*, cada mais complexa, dilacerada entre o *modelo ocidental* e uma *modernidade alternativa*, ainda imprecisa. No comando da sociedade, um poder político (autocracia) de *Antigo Regime*, infenso a mudanças, agarrado a privilégios e a tradições absolutistas. Fábricas e empreendimentos econômicos cada vez mais sofisticados, apontando para o futuro, e condições de trabalho e de vida de um século pretérito. Expansão demográfica continuada e um regime de terras anacrônico, excludente. Uma nação dominante sempre obrigada a recorrer à força bruta para impor-se, uma vez que seus valores e maneira de viver não eram compartilhados, respeitados ou considerados superiores.

A esse caldeirão de contradições seria adicionado o fator crítico de uma guerra aventureira contra o Japão, pelo controle de uma vasta área de influência nos confins da Ásia, compreendendo a Mandchúria, no nordeste da China, e a península coreana. Iniciada desde 1904, a guerra foi um desastre. Com tropas mal preparadas, desinformadas, surpreendidas por ofensivas desfechadas de surpresa, tendo subestimado os inimigos, considerados *inferiores*, num teatro de operações longínquo, a Rússia acumulou derrotas catastróficas, navais (Port Arthur e Tsushima) e terrestres (Mukden).

Desenvolvendo-se longe das fronteiras, era impossível apresentá-la como de *defesa nacional*, e assim a guerra não mobilizou ou comoveu a sociedade. Mas produziu efeitos deletérios: elevação do custo de vida, desorganização dos transportes e do abastecimento, intensificação da repressão, sem contar os mortos, os feridos, os traumas, o cortejo de sofrimentos que acompanha todas as guerras.

A guerra acirrou as contradições, alimentou o descontentamento, fermentou a revolução. A partir de um certo momento, ela parecia verdadeiramente incontrolável.

Nessas circunstâncias, e pressionado pelos conselheiros mais lúcidos, entre os quais o primeiro-ministro, o conde Witte, o tsar aceitou, afinal, fazer concessões substanciais aos movimentos sociais e também assinar os termos de um acordo que pusesse fim à guerra.

A paz, assinada em setembro de 1905 (Tratado de Portsmouth), permitiu sustar a radicalização das contradições sociais e, mais importante, trazer de volta das frentes militares tropas de elite que seriam fundamentais para controlar e reprimir as lutas e os movimentos sociais.

Também tiveram um impacto decisivo as concessões formuladas pelo tsar no chamado Manifesto de Outubro. Embora vazadas em linguagem ambígua, prometiam algo inédito na história russa: liberdade de expressão e de organização, partidária e sindical, e a convocação de uma assembleia representativa da sociedade russa, a *Duma*.

As correntes liberais aceitaram os termos do Manifesto. Os moderados organizaram prontamente um grupo político que aderiu às ideias propostas pelo tsar: os *outubristas*. Já os liberais mais radicalizados, agrupados na União pela Liberdade, fundaram o Partido Constitucionalista Democrático, os *kadetes* (da sigla russa KD). Mesmo entre os movimentos populares, a paz assinada e as concessões do tsar, por surpreendentes, impressionaram. Tendeu a cindir-se dessa maneira a convergência objetiva de diferenciados atores sociais e políticos que, até então, conferia força ao movimento revolucionário em curso.

A radicalização continuou, entretanto, presente em diversas regiões do campo, em muitas cidades e fábricas. Alguns sovietes, os mais organizados e radicalizados, consideraram as promessas do Manifesto de Outubro imprecisas e insuficientes, preferindo apostar no confronto. Foi o que fez o soviete de São Petersburgo ao convocar os trabalhadores para uma nova greve geral e a população a não pagar os impostos.

A correlação de forças, no entanto, havia se alterado. A polícia, em operação fulminante, fechou o soviete e prendeu quase todos os dirigentes. As reações foram insuficientes para reverter o êxito da ação repressiva. O soviete de Moscou, recentemente fundado, ainda tentou empreender uma reviravolta, conclamando a população a se insurgir. Em dezembro de 1905, os trabalhadores da velha capital russa atenderam ao chamado e se rebelaram, chegando a controlar algumas partes da cidade. Isolados, porém, no contexto do império, foram barbaramente massacrados (cerca de mil mortos). Até 1907, a revolução estertorou em tentativas desesperadas: enquanto os SRs e grupos anarquistas eliminavam centenas de funcionários do regime, no contexto de revoltas localizadas, a repressão se abateu com fúria, executando, ferindo e exilando dezenas de milhares de pessoas. Muitos, por meses, alimentariam a esperança – ou o medo – de que novas ondas revolucionárias ainda seriam possíveis. Mas aquela revolução estava morta.

A Rússia ingressou, até a eclosão da Primeira Guerra Mundial, em 1914, num outro período, marcado pelo triunfo da contrarrevolução autocrática e por tentativas, sempre frustradas, de ajustá-la aos padrões de organização política *ocidentais*. Talvez se tenha jogado então, e perdido, a última chance, naquele momento histórico, de construção na Rússia de um Estado de direito e de uma República liberal.

A CONTRARREVOLUÇÃO AUTOCRÁTICA

Entre 1906 e 1914, a política do Estado retomou certas características típicas do surto *desenvolvimentista* que marcara a última década do século XIX, combinadas com a promoção de uma reforma agrária, com o objetivo de constituir uma numerosa classe de pequenos proprietários que poderia oferecer uma base sólida e estável ao regime.

Manteve-se o papel central do Estado e o reformismo pelo alto, na tradição da *intelectocracia* russa, representada no período sobretudo por P. Stolypin (1906-1911). Abandonou-se, contudo, em larga medida, a perspectiva de construção de uma modernidade alternativa, centrada em valores comunitários e estatistas e no *interesse geral*, que haviam marcado as reformas dos anos 60 do século XIX (D. e N. Miliutin). Em consequência, fortaleceram-se iniciativas e valores associados ao capitalismo liberal e individualista, sobretudo no contexto do projeto de reforma agrária proposto por Stolypin, em que se defendia abertamente uma *aposta* do Estado nos *mais fortes*, mesmo que isso representasse a desagregação da comuna rural (o *mir*) tradicional. O objetivo era criar uma numerosa e próspera classe média rural, formada pelos *kulaks* mais dinâmicos.

Assim, silenciados e absorvidos os ecos e os traumas da crise econômica e da revolução social que haviam abalado a sociedade nos primeiros anos do século XX, a Rússia retomou ritmos positivos de progresso, que se acelerariam de forma notável a partir de 1909 até a eclosão da Primeira Guerra Mundial.

Era como se o império estivesse se preparando, afinal, para ajustar-se às opções, aos valores e às normas do capitalismo europeu ocidental. Na velha polêmica entre *eslavófilos* e *ocidentalistas*, o triunfo retardado destes últimos.

Havia, no entanto, resistências decididas e poderosas aos rumos e às reformas *ocidentalizantes*.

As forças conservadoras, agrupadas em torno do tsar e da corte imperial, admitiam o progresso econômico, mas sempre a contragosto. Continuavam tendo dele uma perspectiva essencialmente *instrumental*, considerado válido desde que servisse ao reforçamento do Estado, do império e, em particular, da autocracia tsarista. Nada mais emblemático desse ponto de vista do que a concepção de uma rede de estradas de ferro com o objetivo precípuo de mobilizar tropas em diferentes direções, aptas a viabilizar a expansão imperial e/ou a matar rebeliões populares. Nessa concepção, as estradas de ferro deviam ser construídas pelo valor estratégico, sendo visto como mero *subproduto* o progresso econômico e social que daí derivava (desenvolvimento de setores industriais, aumento do emprego etc.).

As relações do tsar com a Duma (Parlamento) também ilustrariam o conflito de interesses e de sentidos entre *modernização econômica* e *conservadorismo político*.

Ainda quando transcorriam as eleições para a primeira Duma, quase como uma provocação, o tsar decretou o que chamou de *Leis Fundamentais*, definindo as prerrogativas e os limites da Assembleia e, sobretudo, estabelecendo que o tsar se reservava o direito de dissolvê-la quando bem entendesse e pelos motivos que lhe parecessem adequados.

Os deputados conservavam margens de discussão e de ação: liberdade de expressão e de organização partidária, direito de questionar ministros e de apreciar parcialmente o orçamento.

Entretanto, as leis aprovadas pela Duma só entrariam em vigor com a aprovação do tsar e de uma câmara alta, o Conselho de Estado, designado pelo autocrata e constituído por elites selecionadas. Além disso, o governo era responsável única e exclusivamente perante o tsar, que mantinha o controle pessoal de assuntos fundamentais, como as Forças Armadas e as relações internacionais.

As eleições para a primeira Duma submeteram-se a severas restrições de uma outra lei decretada pelo tsar, entre outras, o voto indireto (o eleitor votava para um colégio eleitoral e este é que elegia efetivamente os deputados), a organização de *cúrias* (proprietários de terra, proprietários urbanos, camponeses e operários) e a desigualdade do voto (o de um proprietário de terras equivalia ao de três proprietários urbanos, ao de quinze camponeses e ao de 45 operários). Ainda assim, as eleições, transcorridas em abril de 1906, seriam profundamente influenciadas pelo impacto da revolução, muitos ainda acreditando, como já se viu, que ela se encontrava viva, capaz de produzir novas ondas ofensivas. Por isso mesmo, a maioria dos deputados sintonizava-se com propósitos reformistas: queriam exercer o mandato no quadro de um autêntico Poder Legislativo. Muitos, inclusive, não abdicavam de reconhecer-se como uma potencial Assembleia Constituinte.

Não houve possibilidade de acordo com a corte imperial e o tsar, decididos a recuperar a totalidade de seus poderes tradicionais: o Parlamento foi dissolvido em cerca de dez semanas (abril-junho de 1906). A segunda Duma, eleita em 1907, não teve melhor sorte, durou apenas um pouco mais, em torno de quatro meses. O tsar então determinou uma nova lei eleitoral, restringindo ainda mais as possibilidades de participação dos partidos de oposição e aumentando a desigualdade do voto. Em consequência, a terceira Duma, eleita em 1907, registrou ampla maioria de forças conservadoras e pôde assim concluir seu período (1907-1912). Mesmo assim, foram frequentes os choques entre o tsar e Stolypin e os deputados, o que voltaria a se repetir enquanto durou a quarta Duma (1912-1917). Às vésperas da eclosão da Primeira Guerra Mundial, mesmo deputados conservadores criticavam a insensibilidade do governo e do autocrata em conferir um mínimo de autonomia e efetivo poder à Duma. Era como se estivesse definitivamente bloqueada a hipótese de uma transição pacífica em direção a uma Constituição e a um controle, mesmo parcial, do absolutismo tsarista.

A *reação autocrática* se manifestaria igualmente numa política repressiva e brutal em relação aos movimentos sociais e às nações não russas.

Em relação aos primeiros, as concessões e as promessas de diálogo, enunciadas pelo Manifesto de Outubro de 1905, seriam substituídas pela perseguição aos setores mais combativos e pela violência. O massacre dos mineiros do Rio Lena, em 1912, tornou-se o símbolo de uma época. Diante de uma greve organizada para questionar condições de vida e de trabalho, o regime respondeu, mais uma vez, com a metralha, fazendo cerca de duzentos mortos e centenas de feridos. A emoção e as manifestações de solidariedade que vieram a seguir não chegaram a constituir uma ameaça imediata à ordem vigente, mas deram início a um processo de lutas que se acentuaria gradativamente até 1914.

As nações não russas, que então constituíam quase metade da população total do império, não tiveram melhor sorte. O tsarismo, depois de assegurado o refluxo da revolução de 1905, inclinou-se por uma política ultrachauvinista de russificação. Reduziram-se drasticamente as margens de tolerância e as propostas de integração. Em seu lugar, a imposição da língua russa e da religião ortodoxa como língua e religião oficiais do Estado. Uma onda de antissemitismo, incentivada abertamente pelo tsar, levaria à formação de organizações (as temíveis *Centúrias Negras*) que promoviam regularmente matanças e depredações em bairros judeus (*pogrooms*), considerados bodes expiatórios dos problemas e dificuldades por que passava a sociedade.

SOCIALISTAS REVOLUCIONÁRIOS E SOCIAL-DEMOCRATAS

Nesse quadro de repressão generalizada, as margens de ação dos grupos e partidos revolucionários foram drasticamente reduzidas. Empurrados para a clandestinidade, a prisão e o exílio, lutavam pela sobrevivência, assolados pela descrença e pelo desespero.

Os socialistas revolucionários, mais uma confederação de grupos políticos do que um partido propriamente dito, admitindo diferenciadas formas de ação, reunidos antes por certos valores éticos e um programa político geral do que por uma sólida organização, tenderam a um processo de fragmentação. Haviam evidenciado enraizamento social e força política ao longo da revolução de 1905, sobretudo entre os *mujiks*, mas também na *intelligentsia* rural e entre os setores mais radicalizados das classes médias urbanas. Ante a contrarrevolução, retornariam com força à política de *justiçamentos* e *terror político*, eliminando centenas e centenas de *agentes da ordem*. Entretanto, enquanto o tsarismo parecia suportar bem os ataques a seus funcionários, mais ou menos graduados, a polícia política infiltrava e desmantelava com rigor e método os grupos de *combate*, cada vez mais enfraquecidos. Assim, os *SRs* mantinham-se presentes, mas debilitados. Uma tradição revolucionária, à espera de condições favoráveis.

Os social-democratas, como os demais, também sofreriam pesadas perdas no período da contrarrevolução. A repressão e a desesperança afastaram da ação grande parte dos militantes, de sorte que essa história merece ser recordada muito mais pelo papel que os bolcheviques, em particular, iriam desempenhar no futuro do que pela força e consistência que puderam assumir no período da contrarrevolução autocrática.

Num primeiro momento, e até 1907, quando ainda eram vivas as esperanças no processo revolucionário, não faltaram expectativas favoráveis. Pela pressão conjugada das bases partidárias e da Internacional Socialista, procedeu-se à reunificação das tendências bolchevique e menchevique efetuada no IV Congresso, realizado em Estocolmo, em abril de 1906, com maioria menchevique (62 em 110 delegados). Em maio do ano seguinte, um novo congresso, dessa vez realizado em Londres, marcou um certo apogeu do partido social-democrata, ainda bafejado pelos eflúvios positivos da revolução já derrotada. Registraram-se então cerca de 150 mil filiados, representados por 336 delegados. Dessa vez, os bolcheviques, aliados aos socialistas poloneses e letões, conseguiram maioria. Pode ter havido a impressão de que se consolidara a reunificação, mas, na verdade, foi a última vez que as duas alas do Partido Operário Social-Democrata Russo (POSDR) se encontraram juntas num grande debate.

A partir de então, reemergiram as divergências, tratadas de forma cada vez mais virulenta, o que aprofundou a cisão. Em 1908, ainda houve o empenho, malogrado, de promover uma conferência unificada. Em 1910, uma última tentativa de reunir o comitê central, mas nem isso foi possível. Prevaleceram as tendências à desagregação, crescendo as opiniões *liquidacionistas*, como eram chamados os que não acreditavam mais em insistir na (re)construção partidária. Em 1912, em Praga, uma conferência, reunindo apenas os bolcheviques, pretendeu refundar o partido. A iniciativa foi denunciada pelos mencheviques e outros socialistas que não se identificavam com nenhuma das duas tendências. Além disso, a Internacional Socialista não a reconheceu como representativa do conjunto partidário. Assim, a conferência de Praga só adquiriu importância e eficácia como fator de reorganização da ala bolchevique. E por estarem mais bem organizados é que os bolcheviques mais se beneficiaram com o relativo crescimento dos movimentos sociais entre 1912 e 1914.

É interessante observar, contudo, que o programa político traçado pelos social-democratas desde 1903, prevendo a revolução em duas etapas, manteve-se de pé, constituindo o fundamento do vínculo de mencheviques e bolcheviques à social-democracia.

Apareceram, no entanto, formulações inovadoras, baseadas na visão de que a burguesia liberal, em suas diferentes vertentes, mostrara-se incapaz de liderar a luta consequente contra o regime tsarista. Algo falhara na concepção da primeira etapa da revolução, como se um ator social decisivo, a liderança histórica do processo, a burguesia, recusasse subir ao palco. Como alternativa, Trotski propôs o conceito de *revolução permanente* em que se defendia uma transição sem solução de continuidade da primeira à segunda etapa da revolução, alcançando, sem mediações temporais longas, *a ditadura do proletariado*. Lenin, em posições mais nuançadas, sustentaria a hipótese, conforme a correlação de forças em presença, de uma *revolução ininterrupta*, passando do regime tsarista para uma *ditadura operário-camponesa*. Em qualquer caso, a revolução russa só poderia ser pensada como prólogo de uma revolução internacional nos países capitalistas mais avançados da Europa, particularmente na Alemanha. Nesse sentido, suas teses essencialmente heterodoxas recuperavam sintonia com a ortodoxia social-democrata internacional.

Em Trotski, havia uma ênfase clara no papel de vanguarda do proletariado industrial e no caráter decisivo da revolução internacional. Em Lenin, uma sensibilidade mais apurada ao papel histórico do campesinato, definido como um aliado estratégico na estruturação da ditadura revolucionária.

Em relação à questão agrária, também não seria fácil chegar a um acordo. Nesse particular, Lenin, considerando as resoluções do congresso camponês de julho de 1905, favoráveis à nacionalização da terra e à distribuição desta às famílias camponesas, uma antiga aspiração, a *partilha negra*, tendeu a acompanhar os que defendiam a incorporação dessa proposta no programa do Partido. Acusado desde então pelos mencheviques de estar assumindo tradições populistas, Lenin argumentou que não se podia falar em aliança com o campesinato, recusando o que os *mujiks* formulavam como reivindicações básicas.

De forma semelhante, defenderia a incorporação no programa das reivindicações dos movimentos nacionais, nos quais percebera, ao longo de 1905, uma grande força revolucionária em potencial, capaz de contribuir de forma decisiva para a destruição do regime tsarista.

A respeito da *questão nacional*, Lenin travou acerba polêmica com Rosa Luxemburg que o acusou de *desvios* nacionalistas, por ter defendido a ideia de uma futura revolução russa comprometida com a autodeterminação dos povos, ou seja, com o direito de secessão das nações não russas. Segundo Rosa, os socialistas, internacionalistas por princípio, não deveriam cultivar, muito menos estimular, sentimentos e aspirações nacionalistas.

Os debates de tais questões teóricas permaneceram, porém, restritos a um grupo relativamente seleto de lideranças, mas poderiam estar destinados a assumir importância estratégica no caso de reatualização de uma conjuntura revolucionária. Entretanto, não chegavam a empolgar a grande maioria, preocupada, antes de mais nada, em sobreviver aos golpes da polícia política e em participar de algum modo na reativação dos movimentos sociais no interior do império.

Porque o fato é que as duas alas do partido social-democrata russo, quando da eclosão da Primeira Guerra Mundial, encontravam-se profundamente enfraquecidas. Quase todas as suas lideranças de maior expressão estavam na prisão ou no exílio. Quanto à Internacional Socialista, frequentemente chamada para intermediar conflitos internos insanáveis, observava com certo constrangimento aquele pequeno partido turbulento, sempre imerso em intermináveis querelas, que parecia não ter jeito nem solução.

De sorte que, em 1914, a sociedade russa continuava oferecendo um quadro de contrastes, parecendo dilacerar-se, tomando caminhos opostos.

De um lado, o progresso econômico inegável, sujeito, entretanto, a interpretações diversas e contraditórias, considerando-se a precariedade das estatísticas disponíveis e os distintos ângulos de análise. A Rússia conseguiria, ou não, e em que prazo, equiparar-se às potências europeias, proporcionando à sua população condições de vida e de trabalho equivalentes ao que havia de mais avançado no mundo de então? Os progressos econômicos verificados estavam atenuando contradições sociais, ao promover uma elevação de padrões de vida, mesmo em setores localizados? Ou, ao contrário, acirravam os conflitos, ao desagregar instituições e valores tradicionais e ao aprofundar as desigualdades sociais? Num plano mais geral, o que seria mais adequado? Assumir o projeto modernista ocidentalizante ou perseverar na busca de modernidades alternativas? Witte e Stolypin haviam procurado fortalecer a primeira hipótese. Mas a reforma agrária proposta por este último, apesar de alguns avanços significativos, não obteve o êxito esperado. A formulação de uma política de financiamento, apoiada pelo Banco Camponês, com o objetivo de incentivar o processo, permitiu que 2,5 milhões de *kulaks* se estabelecessem como proprietários, *livres* dos controles e restrições do *mir*. Mas foi muito pouco para mudar a paisagem rural russa. Com sua morte, em 1911, em circunstâncias obscuras, Stolypin levou para o túmulo a política ambiciosa de uma reforma agrária *americana*, apenas esboçada.

As instituições políticas continuavam subordinadas à autocracia, à rigidez política, à intolerância e à incapacidade de atualizar-se às novas circunstâncias. Até quando seria possível conviver com um regime que, mesmo entre as elites russas, era percebido cada vez mais como anacrônico? Seria possível manter sempre no silêncio, na prisão e no exílio as organizações e os partidos revolucionários?

Na base da sociedade, a insatisfação grassava entre os *mujks* e os trabalhadores urbanos, principalmente entre estes últimos, devidamente registrada pela polícia política. Estariam dispostos a esperar indefinidamente por mudanças que pudessem considerar como favoráveis? Até quando seria possível manter compatibilidade entre os crescentes conflitos sociais, amordaçados e reprimidos, e a ordem vigente?

A Primeira Guerra Mundial, alterando de forma radical as condições da sociedade, proporcionou respostas surpreendentes a essas questões. Dela, quando eclodiu, Lenin diria que "era o melhor presente que o tsar poderia nos dar".

A Primeira Guerra Mundial
E a revolução de fevereiro de 1917

O começo da guerra, no entanto, pareceu desmentir os prognósticos otimistas do revolucionário. Com efeito, e à semelhança dos demais países beligerantes, a Rússia foi tomada por uma fúria fanática, a defesa da pátria, a *união sagrada*. E aquele sentimento era tanto mais forte quanto se esperava uma guerra *curta e vitoriosa*.

Os poucos que ousaram protestar foram neutralizados, presos, como os deputados social-democratas na Duma. Mesmo ali onde o proletariado era mais organizado, na Alemanha, na França, na Inglaterra, a adesão acrítica prevalecia sobre as dúvidas ou a oposição. O desabrochar pleno de uma planta mortífera, cultivada há décadas, o nacionalismo chauvinista produzindo em toda a parte uma atmosfera de linchamento (Rosa Luxemburg).

Mais tarde, nas *batalhas historiográficas*, muito se diria, de um ponto de vista conservador, sobre a desastrosa opção do regime tsarista em participar daquela guerra. Entretanto, as margens de manobra não eram assim tão amplas. Ao longo de décadas, um sistema de alianças fora estruturado, entrelaçando os interesses econômicos de empresas capitalistas em expansão, *modernos*, e as políticas imperiais tradicionais, de *antigo regime*. De um lado, desde 1882, a Alemanha, o Império Austro-húngaro e a Itália formaram a Tríplice Aliança. De outro, e aos poucos, uniram-se a Rússia e a França (1894), esta e a Inglaterra (a *Entente Cordiale*, 1904) e a Inglaterra e a Rússia (1907). Os nós que amarravam essas alianças antagônicas constituíam uma mistura altamente inflamável, à espera da espoleta apropriada que faria tudo explodir.

O que fez, no entanto, crítica à conjuntura que conduziu à Primeira Guerra Mundial foi menos a rivalidade comercial e econômica entre empresas capitalistas, e mais as contradições *imperiais* tradicionais, as ambições de expansão territorial, estabelecidas há muitas gerações, investidas de valores guerreiros, épicos. Quando o Império Austro-húngaro, depois do assassinato do príncipe herdeiro Francisco Ferdinando, em Sarajevo, declarou guerra à Sérvia, podia a Rússia tsarista tolerar mais um avanço do velho império rival na região dos Bálcãs, há séculos considerada estratégica? Se a Sérvia fosse subjugada, não estaria aberto para os *germânicos* (austríacos e alemães) o caminho de Constantinopla? E ainda, poderia a Rússia ignorar o esmagamento dos eslavos do sul, considerados *irmãos* nas utopias e sonhos pan-eslavos? Se estes fossem levados de roldão, não estaria gravemente ameaçado o próprio solo *sagrado* da Mãe Rússia? Nos cálculos do tsar, pessoalmente a favor da guerra, essas considerações primaram sobre os cálculos de lucros e perdas materiais, embora estes não estivessem ausentes: quase metade das exportações russas se faziam então através do Mar Negro e do Estreito de Dardanelos, rotas evidentemente ameaçadas por uma eventual vitória austro-alemã sobre a Sérvia.

Foi também em torno desses valores supremos que se coesionaram os chefes das Forças Armadas e as populações em torno da aventura guerreira. As tropas russas, rapidamente mobilizadas, registraram vitórias iniciais espetaculares, e enganadoras, contra a Áustria-Hungria, ocupando parte da Galícia austríaca. No entanto, logo depois, quando começaram a enfrentar as tropas alemãs, mais bem organizadas e enquadradas, equipadas e armadas, sobrevieram as derrotas, algumas catastróficas. Na guerra regular entre a metralhadora e a baioneta, a locomotiva e o cavalo, o canhão e o fuzil, tendeu a predominar o melhor equipamento.

Em escala ampliada, o enfrentamento reatualizou os fatores críticos já detectados na desastrosa guerra contra o Japão anos antes. A Rússia tinha soldados de valor, mas faltavam-lhes armas modernas, munições, transportes, oficialidade sintonizada com as exigências da guerra moderna, apoiada na grande indústria. Além disso, era preciso cuidar da retaguarda, abastecê-la, preservar sua coesão, cuidar decentemente dos feridos, assistir as famílias dos mortos. Problemas que o governo não parecia em condições de enfrentar com êxito.

Menos de um ano depois de iniciada a guerra, já se sabia que ela iria durar. E, se fosse durar, que a Rússia iria perdê-la. As perdas humanas contavam-se aos milhões de mortos, feridos, prisioneiros, sem falar dos territórios ocidentais, economicamente decisivos, quase todos ocupados pelos alemães desde 1916. Escasseavam gêneros essenciais nos grandes centros urbanos, a inflação disparava, o abastecimento aproximava-se do caos, sobretudo em razão das insuficiências e da desorganização da rede ferroviária.

Na Duma, já em 1915, organizou-se uma coligação de partidos, o Bloco Progressista (kadetes, progressistas e outubristas), defendendo um governo que dispusesse da *confiança pública*, ou seja, que fosse aprovado pela Duma. No entanto, não conseguiu se fazer ouvir pelo tsar.

Começou então um processo de auto-organização da sociedade. Estruturou-se um comitê de indústrias de guerra, gerando notáveis resultados do ponto de vista do abastecimento das tropas nas frentes militares. Os *zemstva* e as *dumas* assumiam tarefas de governo, federavam-se, associavam-se ao movimento cooperativo, à Cruz Vermelha, num esboço de sociedade civil, em alternativa e a despeito do governo, às vezes contra ele e contra a lei. Não poucos denunciavam a desorganização, a incúria, as debilidades, a estupidez, alguns já falavam de *traição*, consciente ou inconsciente.

Em 1916, o desespero provocado pela escassez e pela inflação conduziu à reativação do movimento grevista, cuja curva ascensional, visível no primeiro semestre de 1914, fora revertida pelo surto patriótico do início da guerra. Agora, a curva passara novamente a subir, ameaçadora. Sucediam-se pressões e conspirações. Como se não bastasse, desde 1915 o tsar assumira pessoalmente o comando das tropas, atraindo para si as críticas a respeito dos erros que marcavam a condução da guerra.

Circulavam por toda a parte denúncias de descalabros inimagináveis, alcançando a própria honra da família imperial, associada à figura de Rasputin, um siberiano de obscuras origens, uma espécie de *santo milagreiro*, a quem se atribuía ter salvo a vida do filho do tsar, vítima de hemofilia. Desde então, ganhara a confiança da tsarina e se tornara um personagem incontornável na corte, acusado de fazer e desfazer ministros, além de organizar e estimular orgias pantagruélicas. Uma expressão de descontrole e decadência, parecia o símbolo do fim de uma época. Por fim, assassinou-se o homem, mas foi o máximo a que chegaram as elites que já não pareciam estar em condições de propor alternativas, conscientes de que a situação não podia ficar como estava, mas paralisadas por medo ou inépcia.

Foi assim que, nos últimos dias de fevereiro, cinco dias consecutivos de movimentos sociais em Petrogrado bastaram para derrubar uma autocracia antiga de três séculos. Uma revolução anunciada, em tese, mas inesperada quando aconteceu, como costumam ser as revoluções.[1] Uma revolução anônima, sem líderes ou partidos *dirigentes*. Caracterizada por uma imensa aspiração à paz, à harmonia e à concórdia, das quais só estariam excluídos o tsar e sua família.

Entre fevereiro e outubro:
o curto ano vermelho de 1917

Depois da abdicação do tsar (2 de março), que todos queriam, deu-se a derrocada da dinastia dos Romanov, que quase ninguém esperava, ou desejava, pelo menos entre as elites. O grão-duque Miguel, em proveito de quem abdicara o tsar, já que seu filho, Alexei, era muito jovem para assumir, recusara a regência do trono. Criou-se um vácuo no topo do poder.

Apressadamente, quase a contragosto, e tomando cuidado para não proclamar formalmente a República, a Duma formou

---

[1] As manifestações que derrubaram a autocracia russa realizaram-se entre os dia 23 e 27 de fevereiro de 1917. Vigorava então na Rússia o calendário *juliano*, com uma defasagem de treze dias em relação ao calendário *gregoriano*, vigente no mundo capitalista avançado e suas colônias e áreas de influência. A Rússia ajustou o calendário ao padrão ocidental a partir de 1º de fevereiro de 1918. As datas aqui referidas, até fevereiro de 1918, correspondem ao calendário juliano. Observar igualmente que a cidade de São Petersburgo, desde o início da guerra, teve o seu nome russificado, tornando-se Petrogrado (cidade de Pedro).

um governo provisório, encabeçado pelo príncipe Lvov, nobre liberal que se destacara nos anos anteriores na coordenação de atividades empreendidas por organizações da sociedade civil. Uma frente política, reunindo liberais outubristas e kadetes, e mais um deputado aparentado com a tradição dos SRs mais moderados, identificado com causas populares, Kerenski. Era o que havia de mais *ocidentalizante* entre as elites russas. Uma tentativa de apropriação *pelo alto* do processo social anônimo que precipitara a queda do tsarismo. A vitória política, afinal, da *modernidade capitalista ocidental* na Rússia?

Decretou-se a anistia geral para os presos políticos e exilados, reconhecendo-se plena liberdade de expressão e de organização. Em seguida, o governo formulou uma agenda de reformas e um calendário político. Antes de tudo, era preciso ganhar a guerra, porque agora defender a pátria não era mais sustentar o regime abominável do tsarismo, mas salvar a revolução. Libertar os territórios ocupados pelos alemães significava associar à revolução os *irmãos* subjugados. Quando a guerra estivesse ganha, ou, no mínimo, quando os alemães fossem expulsos da Rússia, chegaria a hora de convocar eleições livres para uma Assembleia Constituinte soberana, na base do sufrágio universal. Enquanto isso, a Duma formaria comissões de estudo sobre os problemas considerados cruciais (terra, questão nacional, reivindicações dos trabalhadores etc.). O povo era livre para falar.

Sem esperar pela licença concedida, ele já começara a fazê-lo.

Ainda antes da abdicação do tsar, formara-se em Petrogrado um soviete de operários e soldados. Depois de alguma hesitação, decidira, como instituição, não ingressar no governo provisório, apesar dos convites da Duma. Permaneceria como órgão autônomo do poder popular, vigiando e fiscalizando o curso dos acontecimentos, uma referência alternativa para todos os deserdados da sorte.

E foi então que se desencadeou algo inesperado. Retomando, em escala ampliada, a dinâmica da revolução de 1905, aquelas gentes, que haviam suportado com extraordinário estoicismo os rigores e as privações da guerra, a censura e a repressão, consideradas por muitos como amorfas e resignadas, puseram-se em movimento com um vigor que espantou o mundo.

Em toda a parte, fazendo uso da liberdade conquistada, passaram a formular queixas, críticas e reivindicações, os *cahiers de doléances*[2] da sociedade russa. Os trabalhadores urbanos queriam ver realizado, afinal, o programa da social-democracia na Europa ocidental: salário mínimo, jornada de trabalho de oito horas, previdência social, melhores condições de vida e de trabalho, respeito pela dignidade de cada um. Os camponeses queriam a terra, toda a terra, que fosse nacionalizada e distribuída segundo as possibilidades e as necessidades de cada família. Mais uma vez, a antiga e utópica aspiração da *partilha negra*, que a tradição populista tão bem exprimia. Os soldados, receosos de serem acusados de covardia, solicitavam o máximo empenho no sentido da paz e, enquanto durasse a guerra, também o respeito pelos seus direitos como cidadãos. As nações não russas exigiam autonomia política e cultural, embora cedo os mais radicais começassem igualmente a falar em independência.

Falavam, mas não apenas, agiam, e mais do que isso, organizavam-se. Começou a tomar forma uma imensa rede de conselhos (sovietes), horizontal, descentralizada, autônoma. Combinavam-se com sindicatos, comitês, milícias, assembleias. Nas grandes cidades e nos campos. Nas fábricas e nas unidades militares. Uma onda.

A história do curto ano de 1917, entre a queda do tsar e a insurreição de outubro, foi a história do crescimento rápido, embora ziguezagueante, dessa onda, batendo contra a intransigência e a insensibilidade do governo provisório, que, temendo perder o controle dos acontecimentos, perdia a iniciativa política, agarrado a suas equações conservadoras, condicionando

---

[2] *Cahiers de doléances des Etats généraux*: literalmente, cadernos de queixas/reclamações dos Estados gerais, nos quais se ordenaram as reivindicações e as propostas da população francesa por ocasião da convocação dos Estados gerais em 1789.

as reformas desejadas ao fim da guerra e à convocação da Assembleia Constituinte.

Em abril de 1917, houve uma primeira grave crise. O ministro de Relações Exteriores, o kadete P. Miliukov, declarara imprudentemente que a Rússia revolucionária mantinha os objetivos de guerra do regime tsarista. A comoção foi grande e o ministro obrigado a demitir-se. Contudo, o governo provisório, paradoxalmente, pareceu fortalecido, pois os liberais exigiram que deputados do soviete de Petrogrado passassem a fazer parte do ministério. Formou-se uma primeira coalizão. Deixando de ser apenas um órgão de fiscalização e crítica, e começando a participar diretamente da gestão dos negócios públicos, o soviete, com seu prestígio, reforçava o governo do qual desconfiava. Os liberais queriam cooptar os sovietes, não havia dúvida. Numa outra dimensão, porém, aquela mudança tinha suas ambiguidades e um significado simbólico: os liberais não estavam reconhecendo sua incapacidade de empreender as reformas necessárias à modernização e à ocidentalização da Rússia? Em suma, as elites *precisavam* dos sovietes para manter a ordem e garantir o futuro? Mas, com esse tipo de aliança, poderiam os liberais empreender a modernização ocidentalizante da Rússia?

Nesse mesmo mês de abril, os bolcheviques fizeram uma conferência decisiva, aprovando uma tese subversiva de Lenin que já vinha sendo defendida por grupos anarquistas: *todo o poder aos sovietes*. A tradução prática de sua reflexão teórica a propósito da inapetência revolucionária dos liberais. À semelhança de Trotski, e vencendo preconceitos ancorados em antiga ortodoxia, propunha que, desde *a primeira etapa*, a revolução passasse à hegemonia da frente política e popular que controlava as organizações soviéticas.

Nos meses seguintes, realizaram-se importantes congressos pan-russos de camponeses (maio) e de operários e soldados (junho). Os primeiros reafirmaram as teses igualitaristas e distributivistas já enunciadas em 1905. Entre os segundos, embora predominassem as correntes socialistas moderadas (mencheviques e socialistas revolucionárias), que recusavam a transferência do poder aos sovietes, era visível o descontentamento com o não atendimento das reivindicações formuladas. Uma crescente radicalização transpareceu na manifestação pública que encerrou o congresso em Petrogrado. Os bolcheviques, ainda muito minoritários (105 delegados em mais de mil), denunciavam as hesitações do governo, mostravam audácia, exigindo *todo o poder aos sovietes.*

Foi então que o governo resolveu tentar uma "última ofensiva" contra os alemães. Reuniu as melhores tropas, sob o comando do general Brussilov, que já se destacara no ano anterior, e concentrou-as para um grande ataque. Kerensky, ministro da Guerra desde abril, arengava tropas e populações com sua oratória característica. Desfechada em junho, e apesar de alguns primeiros sucessos, a ofensiva enredou-se e descambou para um fracasso lamentável.

Quando as notícias da derrocada chegaram a Petrogrado, no princípio de julho, os marinheiros da grande base naval de Kronstadt revoltaram-se e marcharam para a capital da Rússia. Com outros setores radicais falavam em *traição* e muitos queriam derrubar o governo, que renunciara. Abriu-se mais uma crise. O país em guerra, acéfalo. Depois de marchas e contramarchas, que se estenderam por semanas, reconstituiu-se, afinal, o governo, com participação reforçada de deputados dos sovietes. Tornava-se muito claro que sem eles não haveria ordem. Kerensky passou a chefe do governo e acusou os bolcheviques de terem conspirado contra o regime, instrumentalizado a revolta popular e tentado um golpe de Estado.

A situação pareceu controlada. Estimando-se forte, o governo convocou para Moscou uma Conferência de Estado para avaliar os rumos do país. Sintomaticamente, afastava-se da turbulenta Petrogrado, a *vermelha.* A seleção dos participantes exprimia a nova correlação de forças: dos quase 2.500 delegados, apenas 429 deputados dos sovietes. Entre os setores mais radicais, a desorientação e a dispersão. Os bolcheviques estavam acuados. Alguns de seus líderes, presos, como Kamenev e Trotski.

O próprio Lenin, denunciado como agente a soldo dos alemães, teve que desaparecer de circulação. Em fins de julho, o Partido seria obrigado a realizar o seu VI Congresso na clandestinidade.

Foi nessas circunstâncias que se projetou a figura do general Kornilov, prestigiado pelo governo como chefe militar leal e republicano. Incensado pelas forças conservadoras na conferência de Moscou, Kornilov pensou ter chegado a hora de restabelecer a ordem e desfechou um golpe militar. Em caso de vitória, teria ali se encerrado a aventura revolucionária?

Kerensky, entretanto, não concordou com a aventura e a denunciou, conclamando as forças políticas e as instituições a reagirem. Os sovietes e as organizações populares, mostrando reservas inesperadas, recuperaram dinamismo e enfrentaram as forças mobilizadas por Kornilov, que foram se desagregando aos poucos, de forma quase caricatural. O general acabou preso, a ditadura esfumou-se, as forças conservadoras, assustadas, recuaram, os liberais, confusos, silenciaram.

Teve início, então, um processo fulminante de radicalização dos sovietes de soldados e operários. *Bolchevizavam-se* não no sentido de que houvesse uma adesão formal ao partido bolchevique, mas no sentido de que aderiam à proposta bolchevique de que todo o poder deveria ser assumido pelos sovietes. O fenômeno combinou-se com um crescente movimento de ocupação de terras. As agências responsáveis registravam o crescimento da temperatura no campo desde a derrubada do tsar. Março: 49 conflitos em 34 distritos. Abril: 378 em 174 distritos. Maio: 678 em 236 distritos. Junho: 988 em 280 distritos. Entre 1º de setembro e 20 de outubro, 5.140 conflitos O *galo vermelho* cantava nos campos. Era o tempo das semeaduras, um momento de decisão. Os *mujiks*, tomando o destino nas mãos, ocupavam e demarcavam as terras, e *faziam* a revolução agrária. Ao sabê-lo, os soldados, *camponeses fardados*, começaram a desertar em massa levando à decomposição as Forças Armadas. A onda provocou um terremoto no partido político mais enraizado nos campos, os socialistas revolucionários. Fez desabrochar uma corrente que já vinha amadurecendo, favorável à ofensiva de ocupação de terras, e que se tornou claramente autônoma desde então, os socialistas revolucionários de esquerda, os *SRs de esquerda*.

Kerensky, tentando encontrar uma saída institucional, capaz de canalizar para a ordem as manifestações de ruptura revolucionária, convocou em setembro uma nova Conferência, a que atribuiu o nome de *Pré-Parlamento*. Uma corrida contra o tempo. Com sua legitimidade questionada pelos principais sovietes, sob hegemonia dos bolcheviques que se retiraram do recinto, proclamou, afinal, a República e convocou a Assembleia Constituinte para o mês de novembro seguinte. Decisões importantes. Meses antes, poderiam ter sido decisivas. Agora, vinham muito tarde.

Deslocava-se a *Grande Rússia* e disso se aproveitavam também as nações oprimidas, exigindo autodeterminação e independência. Cada qual queria ter a própria Assembleia Constituinte e decidir, segundo seus interesses e circunstâncias, o futuro e que tipo de relações seriam estabelecidas com a Rússia. Em fins de agosto, em Kiev, na Ucrânia, delegados de treze nações aprovaram a convocação de constituintes soberanas. Já não se tratava mais de debater a oportunidade da independência, mas do momento e das modalidades de como se faria.

Foi nessa atmosfera que ocorreu a insurreição de outubro e sua vitória só pode ser compreendida no contexto desses acontecimentos extraordinariamente turbulentos que aproximavam a sociedade da mais completa desagregação.

Outubro: revolução ou golpe?

Nenhuma força política apostava mais na permanência daquela situação. Claramente, um desfecho aproximava-se. O governo provisório, parecendo supenso no ar, na prática já não governava mais. Nos campos e nas cidades, os diversos tipos de organizações populares (sovietes de operários e de soldados, comitês de empresas, sindicatos, comitês e sovietes agrários, milícias populares, *guardas vermelhas*), de modo autônomo e descentralizado, asseguravam um arremedo de ordem e de controle. Das forças conservadoras, de fato bastante dispersas e desorientadas, temia-se que articulassem novas tentativas contrarrevolucionárias.

Havia uma grande expectativa quanto à realização do II Congresso Pan-Russo dos sovietes de operários e de soldados. Convocado para setembro, fora postergado e, afinal, convocado para ter início em 25 de outubro. Assumiria, como esperavam os mais radicais, a totalidade dos poderes? E quanto ao governo provisório, teria forças para reagir ou aceitaria a legitimidade de um novo poder?

No clima febril que então se instaurara, todas as forças políticas tentavam organizar-se para um enfrentamento decisivo. No Estado-maior bolchevique, Lenin concitava o Comitê Central a tomar a iniciativa. A *bolchevização* dos sovietes de Petrogrado (sob a presidência de Trotski), de Moscou e de algumas frentes militares cruciais, conferia ao partido uma situação favorável nos centros político-administrativos mais importantes do país. Essa circunstância deveria ser aproveitada, antes que as forças conservadoras se rearticulassem e tentassem um novo golpe. Após acalorados debates, Lenin conseguiu fazer aprovar sua proposta: a insurreição deveria ser preparada (*a insurreição é uma arte*) e desencadeada antes mesmo da abertura do II Congresso soviético e sem obter seu prévio acordo. Zinoviev e Kamenev, não concordando com a decisão, considerada aventureira, denunciaram-na publicamente pelo jornal de Gorki. Os acontecimentos, no entanto, desenrolavam-se com tal rapidez e a confusão era tamanha que a denúncia não gerou efeitos, caiu no vazio.

O governo sentia, como todo o mundo, que o desenlace era uma questão de tempo, de muito pouco tempo. Foi então que resolveu tomar medidas repressivas contra um jornal bolchevique que se destacava particularmente na agitação entre os soldados. Mandou fechá-lo, uma atitude drástica naquelas circunstâncias. Pretextando a defesa da liberdade de imprensa ameaçada, Trotski garantiu a circulação do jornal. Na sequência, sempre argumentando que estava empenhado em defender a liberdade das organizações populares contra a tentativa de um novo golpe, o comitê militar do soviete de Petrogrado ordenou a ocupação dos pontos estratégicos da cidade. Uma tática de guerra usual: encobrir a própria ofensiva com argumentos defensivos. Era a noite de 24 de outubro de 1917, véspera da abertura do II Congresso dos sovietes. De forma metódica, quase silenciosa, as tropas aquarteladas na cidade tomaram a capital da Rússia, só encontrando resistência digna deste nome no Palácio de Inverno, onde o que restava do governo foi preso (Kerensky exilou-se na embaixada dos EUA).

O poder mudara de mãos.

Um golpe?

Formalmente, sem dúvida. A insurreição desdobrou-se como uma operação militar, sem prévia autorização do governo legal, nem sequer das organizações soviéticas. A autoridade que a desencadeou foi o comitê militar do soviete de Petrogrado, com anuência e sob liderança de seu presidente, Trotski. Não haviam recebido delegação, nem autorização, de nenhuma instância soviética para fazê-lo. Na verdade, a ordem tinha vindo do comitê central do partido bolchevique.

Boa parte da crítica social-democrata europeia e dos próprios socialistas moderados russos (mencheviques e socialistas revolucionários de *direita*) denunciou o caráter golpista da insurreição e apontou aí as raízes de uma ditadura política que tenderia a perdurar no tempo. Mais tarde, essa orientação seria retomada nas *batalhas historiográficas* por críticos do socialismo soviético e por acadêmicos liberais. Esmiuçaram o episódio insurreicional e seus antecedentes, adicionando novas evidências, comprovando um *vício de origem*, como se fora uma malformação genética, a contaminar de modo irreversível toda a história posterior da revolução.

Em sentido inverso, os bolcheviques, desde outubro, e, mais tarde, a historiografia soviética, e a de inspiração comunista, ou simpática à causa da revolução, legitimaram a ação insurreicional sob o argumento de que qualquer espera poderia ser fatal (argumentação de Lenin na reunião do Comitê Central que decidiu a insurreição). Além disso, diriam, a insurreição foi submetida na manhã seguinte, em 25 de outubro, ao congresso dos sovietes que, efetivamente, a aprovou por larga maioria. Por sua vez, os decretos revolucionários – sobre a guerra e a paz, a terra e a questão nacional, entre outros, também aprovados por imensa maioria – iriam permitir, pelo menos em termos imediatos, a constituição de bases sociais amplas de apoio e defesa da revolução. Sem essas bases, por melhor que tivesse sido empreendida a insurreição como *arte*, a revolução não se sustentaria. Com essas bases, comprovava-se o caráter democrático da revolução.

Golpe *ou* revolução? A análise das circunstâncias sugere a hipótese de uma síntese: golpe *e* revolução. Golpe na urdidura, decisão e realização da insurreição, um funesto precedente. A política dos *fatos consumados*, empreendida por uma vanguarda que se arroga o direito de agir em nome das maiorias. Revolução nos decretos, aprovados pelos sovietes, reconhecendo e consagrando juridicamente as aspirações dos movimentos sociais, que passaram imediatamente a ver no novo governo – o Conselho dos Comissários do Povo, dirigido por Lenin – o intérprete e a garantia das reivindicações populares.

Os bolcheviques, naquele momento, renunciaram a muitos aspectos do próprio programa para atender ao que exigiam outros partidos e diversos atores sociais. Foram extraordinariamente ousados na ação golpista, mas sensíveis às mudanças que os soldados, os camponeses, os operários e as nações não russas compreendiam como necessárias. Eram mudanças revolucionárias. Paz imediata, como queriam os soldados e todas as populações russas. Toda a terra para os camponeses, a ser distribuída pelos comitês agrários, como exigiam os *mujiks*. Direito de secessão, como propunham os não russos. Controle operário sobre a produção, síntese do que havia de mais avançado no programa social-democrata da época para os trabalhadores fabris. Formou-se uma *frente* social e política de apoio ao novo governo, integrando *SRs* de esquerda, grupos anarquistas, e até mesmo setores dos socialistas moderados que, embora críticos ao novo governo, hesitavam em combatê-lo abertamente.

Muitos denunciavam nas decisões tomadas pelo congresso jogadas puramente *maquiavélicas*, mas não havia ali, como nunca há, super e subconsciências. Todos avaliavam, calculavam e apostavam, segundo suas tradições, forças e circunstâncias.

Surgiu um conjunto confuso, uma experiência improvável, muitos a imaginavam destinada ao fracasso. Mais uma, naquela Rússia que, desde fevereiro, não conseguia sair do caos.

A CONSOLIDAÇÃO DO GOVERNO REVOLUCIONÁRIO

O improvável, no entanto, foi ganhando corpo. A adesão ao novo governo pelo II Congresso Pan-Russo camponês, realizado em dezembro de 1917, foi decisiva. Vencendo suas desconfianças em relação aos bolcheviques, tendo todas as reivindicações aceitas pelo governo revolucionário, os camponeses ratificaram o golpe revolucionário de outubro. Ampliou-se então o conselho dos comissários do povo com o ingresso dos socialistas revolucionários de esquerda.

No plano internacional, pelo menos em termos imediatos, os bolcheviques beneficiaram-se com o armistício assinado com os alemães e o prolongamento da guerra no Ocidente, proporcionando à revolução um fôlego adicional. Internamente, a revolução foi ganhando força, neutralizando os inimigos com surpreendente facilidade.

A primeira dificuldade maior foi o enfrentamento com a Assembleia Constituinte. Convocada em setembro, as eleições realizaram-se em novembro, depois, portanto, da insurreição. Histórica reivindicação das forças progressistas e revolucionárias russas, inscrita em todos os programas, os bolcheviques não tiveram alternativa senão deixar que o pleito transcorresse normalmente. Os resultados, no entanto, beneficiaram exatamente as forças que vinham de ser derrotadas em outubro, conferindo maioria aos socialistas moderados, *SRs* de direita e mencheviques, sem falar nos liberais. Os bolcheviques tinham apenas cerca de 25% dos deputados, mas agiram novamente com decisão e rapidez. O governo formulou uma Declaração dos Direitos do Povo Trabalhador e Explorado e exigiu que os constituintes a aprovassem como condição prévia ao início de seus trabalhos. Diante da recusa dos deputados eleitos, os revolucionários decretaram a imediata dissolução da Assembleia, poucos dias depois de instalada, em janeiro de 1918. Não houve praticamente resistência ao ato ditatorial.

A assinatura da paz com os alemães constituiu uma segunda difícil opção. Fora fácil assinar um armistício, mas difícil elaborar a paz. Os alemães exigiam indenizações e anexações reais ou disfarçadas, consideradas descabidas pela maioria dos próprios bolcheviques e dos *SRs* de esquerda.

Os revolucionários procuraram ganhar tempo, postergando as negociações, no aguardo de uma revolução na Alemanha. Contudo, em vez disso, sucediam-se ultimatos e avanços das tropas alemãs. A partir de um certo momento, a frente militar aproximou-se perigosamente de Petrogrado, tornando iminente a hipótese de sua perda. Depois de muitos debates, prevaleceu mais uma vez a posição de Lenin. Para salvar a revolução, todas as concessões deveriam ser feitas. Mais tarde, os tratados, meras *tiras de papel*, poderiam ser denunciados e revogados. Foi um trauma. Entre os próprios bolcheviques, houve denúncias e renúncias. Quanto aos *SRs* de esquerda, abandonaram então o governo, deixando os bolcheviques como únicos responsáveis pelo tratado de paz (Brest-Litowsky, março, 1918), isolados no leme do Estado.

As contradições também surgiriam nas relações entre o governo e os camponeses. A aliança selada em dezembro, com o reconhecimento irrestrito das reivindicações igualitaristas e distributivistas, entrou, progressivamente, em crise. As dificuldades de abastecimento das cidades e do exército *vermelho*, recentemente criado, conduziram o governo a enviar para o campo destacamentos armados com o objetivo de expropriar os camponeses acusados de especulação, os *kulaks*. Em maio de 1918, um decreto atribuiu ao Comissariado do Povo para o Abastecimento poderes *extraordinários* com vistas à luta contra a *burguesia rural* que estaria açambarcando cereais e especulando com gêneros essenciais à alimentação do povo.

Ora, falar em *burguesia rural* depois da revolução, além de uma entorse às realidades sociais, era um atentado à aliança com os camponeses e com os *SRs* de esquerda. Os bolcheviques pareciam tomar um novo rumo: quebrar a unidade camponesa, atrair para o apoio ao governo os camponeses pobres e sem terra, oferecendo a estes recompensas, em terras e cereais, por denúncias concretas contra os especuladores.

A GUERRA CIVIL

Em resposta, os *SRs* de esquerda chamaram a luta aberta contra os bolcheviques. Seguiram-se atentados (um dos quais quase matou o próprio Lenin), motins, tentativas insurreicionais, que coincidiram com movimentos de rearticulação das forças contrarrevolucionárias, os *brancos*, apoiados pelo desembarque, em várias regiões, de tropas estrangeiras: ingleses, em Murmansk e Arkhangelsk, ao norte. Franceses em Odessa, no Mar Negro. No Extremo-Oriente, um pouco mais tarde, japoneses e norte-americanos, em Vladivostok.

No início de 1919, em março, quando, em torno dos bolcheviques, pequenos grupos revolucionários de vários países do mundo fundaram a Internacional Comunista (*Komintern*), a situação parecia desesperadora e o governo revolucionário, condenado.

Entretanto, gradativamente, o improvável tornou a acontecer. Apenas um ano e meio depois, a correlação de forças havia se alterado de forma radical em favor dos bolcheviques, em razão de um conjunto de fatores e condições

Por um lado, os revolucionários recuperaram e se comprometeram com o programa político da insurreição de outubro: reconhecimento irrestrito das reivindicações populares. Em relação ao campo, retomaram a política de união com todos os camponeses, revogando a política de maio de 1918. Atitude idêntica ocorreu em relação à questão nacional, em que, depois de negaceios, foi reiterado o respeito ao direito à secessão. Em contraste, os *brancos* pareciam *nada ter compreendido, nem esquecido*. Onde suas forças chegaram a tomar pé, e até mesmo em sua propaganda, defendiam abertamente a *velha ordem* que a revolução derrubara, como se o ano de 1917 simplesmente não tivesse existido. Uma *terceira margem* chegou a ser ensaiada pelos socialistas revolucionários e por grupos anarquistas, mas não criou bases sociais duradouras, embora tenham constituído, em certas regiões, forças político-militares apreciáveis (como o exército *negro* makhnovista, na Ucrânia). A polarização entre *vermelhos* e *brancos* acabou predominando, eliminando os espaços para alternativas.

Por outro, enquanto os revolucionários conseguiram formar um poderoso exército e uma administração minimamente eficiente, centralizados e operacionais, os *brancos* dividiam-se em intermináveis querelas. Sobretudo depois da matança do tsar e de sua família, cada chefe militar tentava se impor como candidato a ditador. Finalmente, o apoio estrangeiro começou a escassear. As potências que chegaram a enviar destacamentos para a Rússia (Inglaterra, França, Japão e EUA) estavam minadas por rivalidades e desconfianças mútuas. Além disso, pressionadas pelas respectivas populações, exaustas pela sangria provocada pela Primeira Guerra Mundial, tiveram de ordenar a retirada das tropas, o que representou um enfraquecimento decisivo para a contrarrevolução.

De sorte que, em meados de 1920, os bolcheviques, sós no comando do Estado, apareciam como vencedores da guerra civil. Apesar da vitória, porém, a avaliação crítica das circunstâncias não autorizava euforias.

O país estava simplesmente arrasado. O produto industrial registrava um declínio de mais de dois terços. Na grande indústria, a perda chegava a 80%. A produção de petróleo, energia elétrica e carvão caíra em mais de 70%. Em relação a outros setores estratégicos para o equilíbrio da economia, como ferro, aço e açúcar, uma situação ainda mais desoladora: quase 100% de queda. O mesmo ocorria no tocante ao comércio externo. Quanto à produção agrícola, diminuição de quase metade.

Dados e estatísticas econômicas desfavoráveis, mas ainda faltaria acrescentar as epidemias, o desgaste extremo, as crueldades típicas dos processos de guerra civil, os traumas provocados pelo emprego sistemático do *terror* – *vermelho* e *branco* –, incontáveis atrocidades, gerando um processo de *brutalização das relações sociais*, caldo de cultura política que oferece o quadro que ajuda a compreender muitos episódios que ainda haveriam de vir.

No plano internacional, e contrariando as previsões dos líderes bolcheviques, a revolução internacional não acontecera. A Rússia estava isolada. *O socialismo num só país*, uma entorse essencial na teoria marxista de revolução.

Alguns, no fogo da guerra civil, quando tudo parecia perdido, haviam formulado o estranho conceito do *comunismo de guerra*. Numa situação de carência total, instituíra-se o mais completo igualitarismo. A economia de troca. Em vez do comércio, a distribuição de rações. O comunismo imaginado por Marx como a sociedade da abundância concretizava-se como a organização da escassez.

Mais tarde, vencida a guerra civil, a mesma proposta voltaria em outras versões, como a da *militarização do trabalho*, o emprego sistemático dos critérios de organização militar para a vida civil, a sociedade *mobilizada* em batalhões e exércitos, distribuídos de forma centralizada por *frentes* de trabalho para enfrentar uma nova *guerra*, talvez ainda mais difícil e longa, contra a fome e o atraso.

Embora exausta, a sociedade revoltou-se contra essa sinistra utopia. Com efeito, desde que os *mujiks* perceberam que a contrarrevolução já não ameaçava mais, tornou-se cada vez mais difícil fazê-los aceitar requisições, impostos extraordinários e restrições de todo o tipo. Medidas consideradas inevitáveis no contexto da guerra civil passaram a ser intoleráveis nas novas condições. O descontentamento cresceu, passou a explodir na forma de revoltas locais, inquietando o governo.

A mesma oposição manifestou-se nas cidades, sob a forma de greves, entre os trabalhadores que reivindicavam melhores condições de vida e de trabalho. Surgiam também protestos e propostas pelo fim das restrições às liberdades, não mais justificadas depois da vitória sobre os *brancos*.

Foi nesse quadro que explodiu a revolução de Kronstadt.

Kronstadt, a revolução esquecida

Em 2 de março de 1921, em solidariedade a greves operárias que estavam em curso em Petrogrado, os marinheiros da base naval de Kronstadt declararam-se em estado de rebelião.

Não era uma base qualquer. Além da localização estratégica, no Golfo da Finlândia, protegendo a cidade de Petrogrado, abrigava dezenas de milhares de marinheiros e, principalmente, detinha uma considerável tradição política. Os marinheiros de Kronstadt, ao longo do processo revolucionário, desde a derrubada do tsarismo até a vitória na guerra civil, desempenharam sempre um papel de primeira linha. Não gratuitamente, anarquistas e bolcheviques controlavam o soviete local.

O que desejavam os marinheiros de Kronstadt? Nos primeiros manifestos publicados, esboçou-se um programa: solidariedade às reivindicações dos operários grevistas, liberdade de manifestação, libertação de todos os presos políticos, formação de uma comissão independente para investigar denúncias sobre a existência de campos de trabalho forçado e, mais importante, eleições imediatas para a renovação de todos os sovietes existentes, na base do voto universal e secreto, controladas por instituições pluripartidárias, independentes do Estado.

Os bolcheviques, aparentemente, dispuseram-se a negociar. De imediato, atenderam às reivindicações dos trabalhadores em greve, conseguindo o refluxo do movimento. Mas os marinheiros queriam a realização integral de seu programa e se mantiveram armados e mobilizados.

Temendo um processo de *contaminação*, os bolcheviques formularam um ultimato apenas 72 horas depois do início do movimento: rendição ou aniquilamento. Como não houve rendição, o bombardeio começou já em 7 de março.

A revolta transformou-se em revolução. Num novo manifesto, os marinheiros anunciaram o início de uma *terceira revolução*. Contra a burguesia e contra o regime do Partido Comunista (os bolcheviques tinham assumido o nome desde 1918) e a sua polícia política, acusados de instaurarem uma ditadura do capitalismo de Estado. Não abriam mão de novas eleições soviéticas, livres e controladas por órgãos independentes do Estado, e também por sindicatos autônomos.

Os bolcheviques denunciaram o processo como *contrar-revolucionário*. Prenunciando processos futuros, os marinheiros não passariam de *agentes*, conscientes ou inconscientes, da contrarrevolução internacional.

A luta prosseguiu até 18 de março, quando a revolução, isolada do resto da sociedade, foi esmagada. Milhares de mortos e feridos dos dois lados, mais de 2.500 prisioneiros entre os marinheiros, deportados ou fuzilados.

Na historiografia soviética, durante décadas, a revolução de Kronstadt foi apresentada, e desmoralizada, como subproduto de uma conspiração contrarrevolucionária *branca*. Na contracorrente, uma pequena e impertinente literatura, quase sempre de inspiração anarquista, lutou para resgatar a ideia de que ali se tentara – e se perdera – um outro futuro para as revoluções russas.

Com o aniquilamento de Kronstadt, a Rússia revolucionária conheceria afinal uma certa estabilidade. Entre 1914 e 1921, três revoluções e uma guerra civil, em sequência vertiginosa, haviam destruído e transformado profundamente aquela sociedade. Mas em que sentido exatamente? O que, de fato, estaria emergindo daquelas ruínas? Uma formação social imprevista, original, sem dúvida.

No campo, onde vivia a imensa maioria da população, a terra nacionalizada, partilhada e parcelada entre as famílias dos *mujiks* pelos comitês agrários, o reforçamento de uma instituição ancestral, a comuna agrária, parecia a realização da utopia populista russa. Ofereceria bases seguras para a construção de uma *modernidade alternativa*?

No topo do poder, os bolcheviques reivindicavam o socialismo marxista, um projeto de modernidade hostil à utopia vitoriosa nos campos, onde eles não tinham quase nenhuma representatividade. Apoiavam-se socialmente num proletariado industrial que se encontrava desintegrado e em cidades esvaziadas de população, onde rondava o espectro da fome. Tinham justificado sua ação em nome de uma revolução internacional que não ocorrera.

Socialistas moderados e anarquistas, entre muitas outras tendências políticas, recusavam atribuir àquela revolução o caráter socialista que os bolcheviques, metamorfoseados em *comunistas*, pretendiam garantir, armados de decisão e audácia, e um projeto a longo prazo. Do ponto de vista teórico, um experimento imprevisto. Na prática, uma realidade histórica a ser decifrada. Os bolcheviques continuavam imaginando-se como vanguarda de uma revolução mundial, atemorizavam os inimigos e galvanizavam as esperanças de muitos que se sentiam oprimidos e explorados por todo o mundo. Para estes, representavam a promessa de um novo mundo. Mas outros, e não poucos, viam-nos apenas como sobreviventes, armadilhados numa engrenagem da qual já haviam perdido o controle.

Com a consolidação da vitória da revolução, afastava-se de forma radical a hipótese da *modernidade capitalista*. Restava uma outra via, igualmente *ocidentalizante*: o socialismo marxista. Mas os bolcheviques teriam condições de empreendê-la, isolados nas condições russas? Tendo incorporado o programa revolucionário populista para o campo, podiam ainda ser considerados marxistas? Uma grande questão histórica então apenas se esboçava: seria possível construir na Rússia uma *modernidade alternativa*, de caráter socialista?

3. A REVOLUÇÃO PELO ALTO E A CONSTRUÇÃO DO SOCIALISMO NUM SÓ PAÍS

Em 1921 o país estava em ruínas. No inverno de 1921-1922, houve uma grande fome que, com as epidemias, matou cerca de cinco milhões de pessoas. As revoltas locais, as greves, a insurreição revolucionária de Kronstadt configuravam um quadro de descontentamento generalizado. A utopia do comunismo de guerra e da militarização do trabalho tornou-se inviável. Era preciso formular políticas que obtivessem o acordo da sociedade. Não para construir o socialismo, mas para matar a fome do povo.

O processo tomou corpo aos poucos, sem prévia definição global, só mais tarde ganharia um nome: a *Nova Política Econômica, a NEP.*

Os anos da NEP

A primeira medida de impacto foi a substituição das requisições à mão armada pela fixação de um imposto em gêneros, pago *in natura,* pois, naquela época de decomposição geral da economia, não havia moeda em que se pudesse confiar. Anos mais tarde, com a situação consolidada, foi possível retornar ao imposto em *espécie,* em dinheiro. Quitado o imposto, os camponeses seriam livres para comercializar quando, quanto e como quisessem os excedentes disponíveis. A nacionalização da terra e sua posse pelos *mujiks* foram reconhecidas mais uma vez. Abriu-se a porta para a liberdade de comércio. Em 1922, a Lei Fundamental de Utilização da Terra e um novo Código Agrário consagraram juridicamente as novas orientações. Nas cidades, outros decretos permitiram o restabelecimento da pequena propriedade privada na indústria e nos serviços.

A nova política agrária representava, de fato, uma proposta de pacto de convivência entre o governo e a imensa maioria da população. Com efeito, naquela altura, 86,7% da população economicamente ativa trabalhava na agricultura. Com as foices e os arados de madeira, repuseram-se ao trabalho, dando início à recuperação econômica pelo que havia de mais essencial: a produção de alimentos.

Em 1925, os resultados eram bastante satisfatórios, em relação à superfície cultivada (104,3 milhões de hectares) e à colheita de grãos (72,5 milhões de toneladas), quase equivalentes às de 1913, o melhor ano antes da guerra. A situação era ainda melhor em relação à criação do gado: os rebanhos de bovinos e suínos superavam as melhores marcas anteriores.

O mesmo, entretanto, não acontecia quanto à indústria. Dependente de investimentos e tecnologia estrangeiros, sobretudo os setores de ponta, sofria agora o impacto da diminuição brutal do comércio internacional. Em 1926, apenas a produção de energia elétrica superou os números de 1913: 3,5 milhões contra 1,9 milhão de quilowatts. Outros setores estratégicos, como o carvão e o aço, continuavam abaixo do que se conseguira antes da guerra.

Do ponto de vista da indústria leve, vital para o êxito das novas políticas, porque os grãos dos *mujiks* eram trocados por seus produtos, havia resultados desiguais. Todos os setores se recuperavam, mas lentamente, e os índices ainda eram medíocres: alguns, como calçados, fósforos, sal e querosene, superavam com pequenas margens as marcas anteriores, já outros, também muito importantes, como algodão, tecidos em geral e açúcar, continuavam abaixo dos índices alcançados no pré-guerra.

O governo tentava manter o equilíbrio dos preços entre produtos agrícolas e industriais. Se aumentassem de modo desproporcional os preços dos produtos manufaturados, que interessavam aos *mujiks*, como o sal, o açúcar, o fósforo, o querosene, ou se não fossem encontrados, que estímulos poderiam ter para levar à venda seus grãos? Ora, a diferença dos preços relativos, calculada em 1, em 1913, saltara para 2,38 em 1923-1924 em favor dos preços industriais. Apesar de muito esforço, a diferença se mantinha em 1,82 em 1927, quase o dobro da existente antes da guerra, drenando para a indústria e para as cidades a renda produzida pelos camponeses, ensejando uma atmosfera de descontentamento.

O fato é que, alcançada uma recuperação básica, vencida a fome, restava o grande desafio de como seguir adiante, para além do ponto a que se chegara. A União das Repúblicas Socialistas Soviéticas fora proclamada em 1922, mas como seria possível romper com o *atraso* multissecular que asfixiava a sociedade? Como mobilizar recursos para o desenvolvimento econômico e para a construção de uma modernidade socialista?

Acumulavam-se problemas. Nas cidades, um desemprego relativamente alto, crianças na rua, mendigos. E a presença de todo o tipo de tráficos, principalmente dos comerciantes, os *nepmen*, enriquecendo-se com manobras especulativas. No aparelho de Estado, a máquina burocrática fazia pensar, às vezes, na sociedade tsarista, com suas proverbiais ineficiência e corrupção. Lenin recorrera à metáfora de um motorista no volante de um automóvel desgovernado, descendo ladeira abaixo. Nas áreas rurais, havia denúncias de que camponeses mais empreendedores, os *kulaks*, ao arrepio da lei, começavam, na prática, a arrendar terras e a assalariar braços, rompendo o pacto igualitarista da revolução agrária.

Muitos se perguntavam: fora para isso que se consentiram tantos sacrifícios e se fizera a revolução?

Apesar das expectativas, e das esperanças, a revolução internacional não ocorrera. A fundação da Internacional Comunista e a estruturação de uma rede de partidos comunistas, rigorosamente centralizada que, num certo momento, pareceu oferecer uma chave para a chamada *crise de direção revolucionária*, cedo mostraram seus limites. O reformismo social-democrata parecia ter raízes mais profundas, históricas e sociais, não se resumindo à traição de um grupo de dirigentes cooptados ou corrompidos.

Entre os povos colonizados e dependentes das potências capitalistas avançadas, sobretudo os povos asiáticos, havia, sem dúvida, uma ebulição revolucionária considerada positiva. Entretanto, no universo da ortodoxia social-democrata, em que ainda estavam mergulhados os bolcheviques, aquelas lutas eram imaginadas apenas como forças auxiliares no grande embate contra o capitalismo internacional, cujo centro gravitacional continuava sendo a Europa central e ocidental.

Para agravar ainda mais o quadro, os bolcheviques haviam perdido seu grande líder, Lenin. Vítima de derrames consecutivos, fora de combate desde 1923, morrera em janeiro de 1924, deixando um vácuo que nenhum outro dirigente conseguira preencher. Em seus últimos escritos, Lenin não apontara sucessores. Ao contrário, no seu estilo habitual, irônico e severo, criticara principalmente Stalin, mas não poupara nenhum outro dirigente de primeira linha. A circulação restrita dos escritos alimentaria as rivalidades pessoais e políticas que acompanharam a agonia e se seguiram à sua morte.

Foi nesse quadro de perplexidades e angústias que se travou o grande debate sobre os rumos do socialismo na União Soviética.

O GRANDE DEBATE

Entre as múltiplas questões em jogo, duas alternativas globais se apresentaram para o desenvolvimento econômico e social da sociedade soviética. Elas não resumiram as lutas políticas que então se verificaram, mas conferiram a elas uma vertebração e um sentido. Foram defendidas, de forma mais consistente, por N. Bukharin e E. Preobrazhensky.

Bukharin, depois de algumas hesitações, passou a defender a NEP como uma aliança (*smychka*) a longo prazo entre operários e camponeses. Era essencial, na sua argumentação, respeitar os interesses dos camponeses e fazê-los avançar gradualmente, na base da persuasão, para níveis mais complexos de coletivização. A cooperação, em relação à qual havia uma notável experiência acumulada, poderia ser a via pela qual os camponeses iriam, no ritmo possível, *a passo de tartaruga*, se fosse o caso, ingressar no futuro socialista. À proposta de taxas de crescimento *máximas*, Bukharin contrapunha o conceito de desenvolvimento *ótimo*, dosando de forma equilibrada os interesses contraditórios do campo e da cidade.

Preobrazhensky não rejeitava em tese a aliança com o campesinato. Entretanto, considerando as ameaças do cerco capitalista, inclusive a hipótese de uma eventual *cruzada internacional* contra a URSS, enfatizava a necessidade de um esforço concentrado na criação de uma indústria pesada autônoma. Os recursos para tanto não poderiam vir senão dos camponeses que, sob a forma de um *tributo*, contribuiriam para a decolagem da economia e de modernidade soviéticas: era a *acumulação socialista primitiva*. Caberia ao poder soviético dosar políticas de modo que a transferência de renda se efetuasse da maneira mais planejada e menos traumática possível. De qualquer forma, não havia alternativa. Adiar a decisão só poderia significar ter de tomá-la em condições mais adversas.

As teses de Bukharin tinham uma orientação *reformista*: consolidar os ganhos, promover avanços graduais e seguros. As de Preobrazhensky mobilizavam expectativas heroicas, identificadas com a tradição revolucionária socialista, com a classe operária e o sistema fabril, hostis ao camponês, visto como historicamente *reacionário*.

O debate tendeu à radicalização porque vinha envolvido com outras questões não menos candentes: a luta pelo poder, a relação entre ditadura e democracia e a revolução internacional.

A luta pelo poder, no Partido e no Estado, entre os sucessores de Lenin, gradativamente se polarizou em torno das personalidades de Stalin, secretário-geral do Partido, e Trotski, organizador e chefe do *exército vermelho*. Com Lenin ainda vivo, mas já fora de combate, doente, começaram as manobras e contramanobras, camufladas, só percebidas pelos iniciados, inclusive porque, desde o X Congresso do Partido, em 1921, sob o pretexto de fortalecer a unidade interna e combater as *frações*, aprovou-se um conjunto de normas que restringiram severamente os debates e as articulações dentro do Partido.

Além disso, o reconhecimento da pluralidade de posições era dificultada porque, entre os bolcheviques, formara-se muito cedo o consenso, vinculado à *ortodoxia* social-democrata, de que o Partido detinha a *verdade científica* do processo histórico. Assim, não havia alternativa às formulações oficiais do Partido, pois ninguém podia ter razão *contra* ele. Essas ideias, ancoradas em profundas convicções, atribuíam à política um caráter científico, autorizando e legitimando tendências autoritárias, agrilhoando as discussões: quem poderia questionar uma decisão *científica*, quem poderia ousar contrariar o Partido, único intérprete qualificado dos *interesses históricos* do proletariado?

Tratava-se de concepções compartilhadas por todos os discípulos de Lenin, conferindo substância à opção pela ditadura revolucionária exercida pelo Partido Comunista, em nome do proletariado e do futuro socialista. Daí o esmagamento da revolução de Kronstadt, a perseguição das demais alternativas socialistas, a desvitalização das organizações soviéticas e a interdição de ações e organizações autônomas em relação ao Partido e ao Estado.

Nessas circunstâncias, os apelos a formas sociais de controle e à democracia, por parte de alguns protagonistas (Trotski, Zinoviev e Kamenev), só apareceriam quando estes se encontravam derrotados, em situações desesperadas, carecendo, assim, de consistência e de credibilidade.

De qualquer forma, depois da guerra civil e do esmagamento de Kronstadt, e das exigências de centralização política daí decorrentes, fechara-se, pelo menos a médio prazo, a opção de um socialismo democrático naquela sociedade. Sem o contraponto de sovietes vivos e atuantes, como em 1917, nem o de outros partidos socialistas, todos postos na ilegalidade, a dominação do partido único consolidou-se rapidamente.

O *cerco* do capitalismo internacional e o mito da União Soviética como *fortaleza sitiada* ofereceram argumentos suplementares à consolidação da ditadura política. A respeito do assunto e da revolução internacional, constituiu-se uma outra questão maior do *grande debate* dos anos 20.

A revolução soviética, como se viu, estava isolada no mundo. Seria possível um país socialista sobreviver num mundo capitalista hostil? De acordo com a teoria ortodoxa, a resposta era negativa. E o que fazer, nas fronteiras da União Soviética, enquanto não sobreviesse uma nova onda revolucionária internacional? Cruzar os braços e esperar? Ou empreender a construção do socialismo com os recursos disponíveis?

Bukharin chegou a sustentar, em certo momento, que a União Soviética deveria romper o cerco do capitalismo internacional, priorizando alianças com os povos dependentes e colonizados, ou seja, com o campesinato em escala mundial. A formulação, uma antecipação histórica do maoismo, não convenceu. Prevaleceram, de um lado, as posições de Trotski, a quem se atribuía a proposta de uma revolução internacional *a qualquer custo*. Sem ela, a União Soviética, *atrasada e isolada*, estaria condenada. De outro, Stalin, acusado de defender a viabilidade da *construção do socialismo num só país*. Nada restava aos bolcheviques, isolados e mesmo que atrasados, senão encarar de forma construtiva o futuro. A rigor, nenhum dos lados, na estruturação ponderada de suas posições, negava seja a necessidade da revolução internacional, seja o imperativo de encaminhar, na medida do possível, a construção do socialismo. Entretanto, no fogo pesado da luta política as posições tenderam a se acirrar, anulando as nuanças.

De fato, desde março de 1918 (paz de Brest-Litowski), os bolcheviques, tendo que escolher entre os interesses imediatos da sobrevivência da revolução soviética e os da revolução internacional, optaram pelos primeiros, considerados mais visíveis e concretos. Construiu-se rapidamente uma associação *natural* entre a revolução soviética e a internacional. Defender uma era, quase automaticamente, defender a outra. Não seria fácil escapar dessa armadilha lógica.

As encruzilhadas da NEP

Depois de um começo hesitante, ao longo dos anos 20, tenderiam a predominar as concepções de Bukharin sobre a NEP.

Em dezembro de 1927, por ocasião do XV Congresso do Partido Comunista, quando Trotski e seus discípulos mais chegados foram expulsos, presos e/ou exilados, tais concepções seriam uma vez mais reafirmadas, parecendo definitivamente consagradas. Mas havia ambiguidades no processo.

Periodicamente, com mais ou menos ênfase, importantes dirigentes, inclusive Stalin, o cada vez mais poderoso secretário-geral do Partido, insistiriam sobre a importância decisiva das cidades e do processo de industrialização. Defendiam o fortalecimento da hegemonia da indústria socialista sobre o conjunto da economia e a ideia de alcançar e superar os países capitalistas avançados num prazo curto. Tais fórmulas não caíam no vazio, traduziam-se em alocações de crescentes recursos à indústria, sobretudo à indústria pesada. Multiplicavam-se atitudes hostis aos *kulaks* e aos *nepmen*, responsabilizados pelos problemas da sociedade soviética, e também declarações favoráveis ao processo de coletivização da terra, considerado superior e única alternativa a longo prazo do ponto de vista da construção da modernidade socialista.

As pressões pela definição de um Primeiro Plano Quinquenal cresciam, prevendo índices e ritmos de crescimento incompatíveis com os pressupostos da NEP. Teses voluntaristas, formuladas no âmbito de agências estatais especializadas, como o *Gosplan*, ganhavam corpo nas cúpulas do Estado e do Partido.

Os preços relativos industriais subiam em detrimento dos preços agrícolas, prejudicando os interesses dos *mujiks*. Como a indústria leve patinava, cresceu a escassez de produtos manufaturados no campo. Em consequência, no ano agrícola de 1926-1927, a produção comercializada caiu 50% em relação ao melhor ano anterior à guerra. Os camponeses médios e pobres, que garantiam 85% da produção, só estavam comercializando 11,2% do que produziam.

No ano seguinte, a situação, longe de melhorar, piorou. Os órgãos estatais de comércio atacadista não conseguiam alcançar as metas definidas. Certas regiões não chegavam a dois terços dos objetivos definidos. Os camponeses pareciam não interessados em vender os cereais. Pago o imposto, estocavam a produção ou não semeavam, preferindo o refúgio do autoconsumo. Rondava o espectro de uma *greve camponesa*.

Aprovaram-se *medidas de emergência*: requisições forçadas garantidas por destacamentos armados. No fim do ano agrícola de 1927-1928, afinal, as metas foram alcançadas, mas à custa de violência e de quebra da precária confiança dos *mujiks* no governo, laboriosamente construída nos anos anteriores.

Houve denúncias e protestos, Bukharin à frente. Como resultado, o Partido hesitou. A NEP foi reafirmada e se condenaram os *excessos* cometidos na aplicação de uma política *emergencial*.

O mal, entretanto, estava feito, as relações entre o Estado e os *mujiks* deterioravam-se de modo fulminante, visíveis nos resultados obtidos no ano agrícola seguinte, de 1928-1929. Novas dificuldades, ainda maiores, voltaram a fazer funcionar, mais uma vez, a engrenagem das *medidas emergenciais*. O governo politizou a crise, afirmando que o poder soviético estava ameaçado por uma conspiração organizada pelos *kulaks*.

Nessa atmosfera carregada, em abril de 1929, o Comitê Central do Partido aprovou o I Plano Quinquenal, na versão *máxima*. Em cinco anos, a partir de outubro de 1928, os investimentos cresceriam 237%, a renda nacional, 506%, a produção industrial, 136%, a produção de energia elétrica, 335%, a de carvão, 111%, a de petróleo, 88%, a de aço, 160%. As previsões, embora altas, caíam sintomaticamente, em relação aos bens de consumo, 104%, e à produção agrícola, 55%.

Um delírio de cifras, jamais antes imaginadas.

Ao mesmo tempo, foi ultimado um programa de coletivização das terras, definindo-se a meta de 15% para os cinco anos cobertos pelo Plano.

Em dezembro de 1929, as metas, entretanto, foram revistas em favor de uma radicalização sem precedentes. O objetivo agora era coletivizar totalmente as terras nas principais áreas agrícolas do país: o baixo Volga, as terras férteis da Ucrânia, o norte da Sibéria ocidental. Não escapariam nem as aves dos terreiros. A coletivização alcançaria 100% dos animais de tração e do gado bovino, 80% dos suínos e 60% dos caprinos e dos galináceos.

Os protestos agora foram abafados. Seus autores, Bukharin inclusive, acusados de timoratos e *direitistas*. Stalin conclamava a militância: *não havia fortaleza que não pudesse ser conquistada pela vontade de verdadeiros bolcheviques*.

A NEP fora abandonada. Uma grande virada. Uma nova revolução.

A REVOLUÇÃO PELO ALTO

Nos anos 30, a União Soviética transformou-se de modo radical e fundou um modelo que iria marcar profundamente o socialismo no século XX. O processo de *modernização*, proposto desde Pedro, o Grande, em fins do século XVII, e impulsionado pelas reformas do século XIX, sempre oscilando entre a cópia do Ocidente e a formulação de uma *modernidade alternativa*, seria agora retomado de forma decidida e numa escala inaudita. Agora, e mais uma vez, os padrões ocidentalizantes seriam incorporados de uma forma apenas *instrumental*. Com efeito, os saltos tecnológicos e o crescimento da produção desencadearam-se no contexto de uma economia de *comando*, *mobilizada* e *estatizada*. Uma revolução pelo alto. Nada que os *intelectocratas* do século XIX pudessem ter imaginado, nem em seus devaneios mais delirantes.

O processo desenvolveu-se em duas direções principais: a *coletivização do campo* e a *industrialização acelerada*, apoiada sobretudo em determinados polos: máquinas e equipamentos pesados, transportes e energia, produção de armamentos e extração mineral.

A COLETIVIZAÇÃO DO CAMPO

A grande produção coletivizada esteve sempre inscrita nos programas gerais da social-democracia internacional. Era pensada como a moldura ideal em que se poderiam registrar os avanços tecnológicos indispensáveis ao aumento da produção e da produtividade agrícolas, essenciais, por sua vez, ao crescimento urbano-industrial próprio de uma sociedade socialista moderna.

As circunstâncias das revoluções russas de 1917, porém, como já se viu, obrigaram os bolcheviques a assumir o programa dos congressos camponeses e a partilha igualitária das terras sob controle dos comitês agrários, ou seja, nem o modelo da pequena propriedade privada, nem a chamada "via prussiana", nem o programa socialista, mas algo muito próximo da *tradição populista russa*.

O fato é que garantiram, assim, o apoio dos camponeses ao governo revolucionário, consolidando, na fórmula de Lenin, a *ditadura revolucionária operário-camponesa*. Mais tarde, em 1918, houve tentações de romper a aliança, mas foram rapidamente superadas em nome do realismo político. A NEP, nas suas diferentes versões, reconhecia a necessidade de manter o *status quo*, avançando lenta e gradualmente no rumo da coletivização, sempre de acordo com a vontade dos camponeses. A situação incomodava. Não poucos bolcheviques a consideravam um *entrave* maior à modernização socialista. As modalidades de energia empregadas nos trabalhos agrícolas falavam por si mesmas: 73,7% de energia animal, 24,3% de energia humana e apenas 2% de energia mecânica. As atividades econômicas agrícolas, responsáveis por cerca de 50% da renda nacional, consumiam menos de 1% da eletricidade produzida. A pequena produção era o reino do *atraso*. Em torno dela, agrupava-se uma sólida resistência ao estabelecimento da grande exploração socializada. Para ter uma ideia da força da agricultura familiar, basta dizer que, em 1927, as formas coletivas não agrupavam mais do que 1,7% da área semeada.

A *virada* começou a evidenciar-se com as metas aprovadas na primeira versão do I Plano Quinquenal. É sintomático, porém, que, apesar de todos os estímulos, ainda em 1º de outubro de 1929, apenas 7,3% das explorações agrícolas estivessem coletivizadas.

Daniel Aarão Reis Filho

A partir de então, o ritmo acelerou-se de modo frenético: 1º de dezembro de 1929:13,2%; 1º de janeiro de 1930: 20,1%; 1º de fevereiro: 34,7%; 20 de fevereiro: 50%; 1º de março: 58,6%. Em cerca de cinco meses, do início de outubro de 1929 ao fim de fevereiro de 1930, quase 60% dos *mujiks* foram *coletivizados* em *kolkhozes* (cooperativas) e *sovkhozes* (fazendas estatais).

Diante da amplitude da resistência camponesa e da queda na produção, houve um susto nos altos escalões. Stalin escreveu um artigo deplorando a *vertigem do sucesso*. Novamente, apareceram críticas aos *excessos* cometidos. Como se diante do abismo o Partido ainda hesitasse em tomar aquele rumo. Os *mujiks* aproveitaram-se das dúvidas entre os comunistas e debandaram em massa das unidades coletivas de produção. Em junho de 1930, a proporção delas já caíra para 21% do total.

Retomaram-se então os *excessos*. Passou o tempo das ambiguidades. Um ano depois, já os níveis mais altos alcançados em 1930 tinham sido recuperados. Os camponeses foram sendo *espremidos* com sistema e método: em fins de 1935, 98% deles estavam definitivamente *coletivizados*.

Os resultados foram desastrosos, o que foi reconhecido pelas próprias estatísticas oficiais. Em 1928, último ano em que, mal ou bem, as orientações da NEP prevaleceram, a colheita de cereais alcançou 73,3 milhões de toneladas. Nos dez anos seguintes, exceção feita a 1937, quando as condições atmosféricas foram excepcionais, a agricultura soviética não ultrapassaria este patamar, permanecendo, ao contrário, e frequentemente, abaixo dele.

Em relação ao gado, as perdas foram ainda maiores. No curso do I Plano Quinquenal, os rebanhos diminuíram em mais de 50%, destruídos pelos camponeses revoltados. Em 1940, os índices ainda eram inferiores em 17% ao último ano da NEP (1928).

A justificativa política mais referida nos anos de coletivização foi a necessidade de *liquidar os kulaks* como classe. Considerados camponeses *ricos* nas análises formuladas antes da Primeira Guerra Mundial, tinham ganho uma certa expressão no campo, principalmente no quadro das reformas de Stolypin. Destacavam-se por terem um ou dois animais, pequenos excedentes regularmente comercializados no mercado, estoques de sementes, alguma poupança, o que lhes permitia emprestar aos demais e exercer pressão, quando não violência, para cobrar o devido. A massa dos camponeses tinha por eles admiração e despeito, às vezes, ódio.

A revolução agrária *niveladora* de 1917, no entanto, ensejou uma diminuição de sua importância relativa. Na esteira do igualitarismo tradicional e do reforçamento da comuna rural (o *mir*), beneficiaram-se mais os camponeses médios (*seredniaks*) e os pobres (*bedniaks*). A NEP, contudo, sobretudo a partir de 1923-1924, relançara um processo de desigualdades, mas seria muito problemático dizer que já se (re)constituíra, nos campos russos, uma camada de camponeses ricos.

No período da coletivização, e progressivamente, o termo *kulak* passou a designar, de fato, todo e qualquer camponês que resistisse às diretrizes e aos ditames das políticas impostas pelo Estado. É sintomático como foi aparecendo no vocabulário oficial toda uma família de palavras aparentadas: *subkulak, pró-kulak, semikulak, objetivamente kulak, kulakizante* etc. A rigor, a repressão alcançou, para além dos *kulaks* propriamente ditos, os camponeses médios (*seredniaks*), o que se evidencia na deportação de um milhão de famílias camponesas, cerca de cinco milhões de pessoas, segundo estimativas russas. Sem falar nos fenômenos não quantificáveis dos traumatismos provocados pela expropriação de terras e rebanhos, prisões, privação dos direitos civis, separação de famílias, exílios...

É possível apontar uma lógica nesse processo aparentemente insano?

Em primeiro e principal lugar, um resultado qualitativo: o desaparecimento do pequeno camponês, um tipo social necessariamente vinculado à *reação* política no universo de valores que a social-democracia transmitira aos bolcheviques. A *solução final* de um problema histórico, abrindo amplos horizontes ao combate dos particularismos privatistas e à capacidade de controle do Estado, agindo em nome do *interesse geral*. Assim, o *nexo rural* que estruturava a tradicional sociedade agrária russa, formado pelo grande proprietário (*pomechtchik*) e pelo camponês organizado na comuna rural (*mir*), terá sido destruído em dois momentos decisivos: a revolução agrária de 1917 e a revolução pelo alto entre 1929-1933.

Agora, nas unidades coletivas de produção, seria possível exercer o controle econômico e policial com mais precisão e eficiência, determinando o *que* e *quanto* iriam produzir os camponeses e a *proporção* da produção que caberia ao Estado. O agrupamento de milhões de camponeses em algumas dezenas de milhares de unidades de produção viabilizou a extração e a cobrança das *entregas obrigatórias*, sempre ascendentes, mesmo que a produção estivesse estagnada ou em declínio.

Assim, em 1928, no contexto das *medidas emergenciais*, as entregas obrigatórias chegaram a 10,8 milhões de toneladas de cereais. No ano seguinte, apesar das turbulências, registraram um aumento de mais de 50%, atingindo 16,1 milhões de toneladas. Outros saltos se verificariam depois, alcançando uma média de 27,5 milhões de toneladas no quinquênio 1933-1937. Em percentuais, as entregas obrigatórias ao Estado em relação ao total da produção evoluíram de 14,7% em 1928 a 38% em 1940.

Além dessas imposições, os *mujiks* eram espremidos pela administração dos preços relativos, sempre favorecendo os produtos industriais, pelo pagamento obrigatório de serviços e máquinas controlados pelo Estado, pelas pesadas multas em caso de não cumprimento das metas, entre outros procedimentos. Em pouco tempo, estavam reduzidos à condição de *cidadãos de segunda classe*.

Um outro importante resultado da coletivização forçada foi o aumento das migrações internas para as cidades. Em parte, o fenômeno adequava-se aos interesses criados pela formidável expansão industrial e urbana pelo qual a sociedade iria passar, mas isso tomou tais proporções que foi necessário, a certa altura, restabelecer a tradição tsarista dos *passaportes internos*. Em princípio, o *mujik* só poderia abandonar a unidade coletiva de produção com autorização expressa e por escrito da chefia imediata.

Os que escapavam sem autorização estavam sempre sujeitos a cair nas malhas dos controles sem fim, sendo então presos e deportados. Transformavam-se, juntamente com os acusados de crimes políticos, em *zeks*, prisioneiros adstritos a trabalhos forçados, responsáveis pela abertura de canais, construção de estradas de ferro, exploração de madeiras nobres e de minas de ouro nas condições insalubres de regiões inóspitas. A importância econômica do trabalho forçado, por muitos denunciado como uma restauração disfarçada do trabalho servil, largamente reconhecida, é até hoje de difícil mensuração estatística.

A resistência dos *mujiks* foi sempre feroz e desesperada: os camponeses chacinavam os animais, destruíam lavouras e implementos agrícolas, furtavam cereais, matavam chefes administrativos e policiais, recusavam-se a trabalhar. As lideranças rebeldes eram fuziladas. Os recalcitrantes, deportados. Em *trens da morte*, centenas de milhares de *mujiks* foram tangidos para as regiões inóspitas da Ásia central e do Grande Norte. Quando a resistência ativa era, afinal, debelada, restava, e restou, a inação, o descaso, o desperdício, a apatia, o desinteresse.

O campo e o camponês pagaram um tributo elevado para que se realizasse o que Preobrazhensky chamara de *acumulação socialista primitiva*. Entre os *mujiks* acorrentados às unidades coletivas de produção, os que logravam migrar para as cidades, empregados nos trabalhos mais pesados e rudes das indústrias, e os *zeks* nos campos de trabalho forçado, formou-se uma estranha simbiose: a da construção da *modernidade socialista* com base na radicalização de formas de exploração que faziam pensar no *Antigo Regime*.

A INDUSTRIALIZAÇÃO ACELERADA

O surto industrial apoiou-se na opção por um determinado conjunto de setores, considerados estratégicos: indústrias de construção mecânica, de armamentos, siderurgia, transportes

– estradas de ferro e canais, energia elétrica, carvão e petróleo, os chamados *dinossauros comedores de ferro e aço*. A eles seriam destinados 78% dos investimentos totais. Alavancando e polarizando o processo, *grandes projetos*, para a realização dos quais todos os sacrifícios seriam consentidos: os complexos metalúrgicos de Magnitogorsk e de Kuznetsk, as imensas fábricas de tratores de Kharkov e Tcheliabinsk, as de automóveis de Moscou e de Nijni-Novgorod, a usina hidrelétrica de Dnieprpetrovski, a estrada de ferro entre o Turquestão e a Sibéria, o Turk-Sib, o canal Volga-Mar Branco e, como vitrine, a *pirâmide* de Stalin: o metrô de Moscou, inaugurado em 1935, com suas imponentes estações revestidas de mármore.

Os dados referentes às metas alcançadas, os índices de crescimento obtidos, seriam apresentados como justificativas e recompensas ao esforço despendido. Surgiu uma economia de *comando, mobilizada,* quase que totalmente *estatizada*, na medida em que foram bruscamente golpeadas todas as concessões da NEP ao capital privado, na indústria e no comércio, obrigando os *nepmen* a renunciar a suas atividades ou a percorrer os perigosos caminhos da ilegalidade.

Ao crescimento industrial correspondeu uma formidável expansão das cidades. Enquanto a população total cresceu cerca de 15%, entre 1926 e 1939, de 147 para 170 milhões de pessoas, a urbana foi de 26 para 56 milhões de habitantes, cerca de 112%, quase dez vezes mais, em termos proporcionais; em relação à população total, um salto de 18% para 33%. Todas as grandes cidades registraram crescimento, sem falar nas que surgiam do nada, como a cidade-símbolo de Magnitogorski.

Predominava em quase toda a parte uma tensão sobre--humana, determinada pelo fato de que fora aprovada, afinal, a variante *ótima* do I Plano Quinquenal, ainda reforçada, mais tarde, com a decisão de cumprir o Plano de cinco anos em quatro. Os planos quinquenais seguintes, o II (1932-1937) e o III (desde 1938), adotados antes da Segunda Guerra Mundial, reiteraram as opções e os critérios adotados desde o início da *revolução pelo alto*.

O resultado foi um salto gigantesco, sobretudo nos setores considerados estratégicos.

Crescimento industrial registrado nos anos 30 Setores estratégicos (Nove, 1990)			
	1927-1928	1932	1937
Eletricidade*	5	13,4	36,2
Carvão**	35,4	64,3	128
Petróleo**	11,7	21,4	28,5
Aço**	4	5,9	17,7
Renda nacional***	24,4	45,5	96,3

*Bilhões de quilowatts; **milhões de toneladas; *** milhões de rublos/1926-1927.

Foram construídas oito mil indústrias ao longo dos anos 30. Não apenas um crescimento quantitativo, mas sobretudo qualitativo, traduzido no aparecimento de novas cidades e regiões industriais e novos setores, como química, eletrotécnica, aeronáutica, automóveis, construção de máquinas etc.

A FORMAÇÃO DA SOCIEDADE SOVIÉTICA

Nesses anos de formidável crescimento industrial, a sociedade soviética viveu um período de vertiginosa *mobilidade*.

Mobilidade espacial, traduzida nas migrações maciças, voluntárias ou compulsórias, dos campos para as cidades, das áreas tradicionais de desenvolvimento, no Ocidente, no centro e no sudoeste, para novas áreas, nos Urais, na Ásia central e na Sibéria ocidental. Sem falar nas migrações tangidas de toda a parte para os campos de trabalho forçado.

Mobilidade social, sob a forma de mudanças horizontais, evidenciadas nas dificuldades de adaptação às novas ocupações urbanas, nos constantes licenciamentos e recontratações (*tekuchka*), mas também nos padrões de ascensão social vertical, em razão do aniquilamento ou fuga das elites tradicionais. Um horizonte amplo de oportunidades descortinou-se para pessoas empreendedoras, com capacidade de organização e disposição para o trabalho. Desde que não enveredassem pelo campo da crítica ao regime político, ganhavam condições de realização antes inexistentes.

Nesse sentido, contribuíram decisivamente as reformas educacionais, estabelecendo o ensino universal e gratuito em todos os níveis, sem falar nos estímulos à formação prática, aos métodos de ensino a distância, por correspondência, ou ao ensino noturno, as chamadas faculdades operárias (*rabfaks*) destinadas especialmente aos trabalhadores.

Entre 1928 e 1941, o total de diplomados universitários cresceu de 233 para 908 mil. No ensino secundário, o salto registrado foi de 288 mil para 1,49 milhão de diplomados. Entre os matriculados nas *rabfaks*, houve um aumento de cerca de 50 para 285 mil, em apenas quatro anos, de 1928 a 1932.

Todo esse processo abalou profundamente as hierarquias sociais tradicionais, enfraquecendo o *páter-famílias*, outrora todo-poderoso. De um lado, a *liberação dos jovens* (45% da população soviética tinha, então, menos de vinte anos), concitados ao trabalho voluntário, à participação nas novas frentes de trabalho em lugares distantes e inóspitos, à construção de uma sociedade *nova*, livre da exploração, no âmbito das organizações de jovens comunistas (*konsomol*). De outro, a *emancipação das mulheres*, às quais os códigos soviéticos conferiram igualdade jurídica e às quais igualmente se abriram imensas oportunidades de trabalho em todos os níveis da sociedade. Mesmo que os anos 30, em relação ao direito de família (casamento, divórcio, aborto, natalidade etc.), tenham sido marcados por uma notável *reação conservadora*, tendendo a abandonar uma série de tentativas inovadoras implementadas logo após o triunfo da revolução de 1917, a família patriarcal tradicional teve suas bases inegavelmente abaladas no contexto do verdadeiro *salto para a frente* dado pela economia soviética. Nessas novas condições, jovens e mulheres, sem dúvida, puderam desenvolver melhor as próprias faculdades.

Frequentemente as condições de vida eram muito duras, sobretudo se consideradas à luz dos padrões prevalecentes nos países capitalistas avançados. Como os investimentos canalizavam-se principalmente para a indústria pesada, tenderam a ser negligenciados os setores de produção de artigos de consumo corrente (indústrias leve) e a construção civil. O abastecimento de gêneros alimentícios, mesmo quando não racionado, era escasso, porque o Estado atribuía prioridade máxima às exportações com o objetivo de adquirir divisas que viabilizassem a importação de máquinas e matérias-primas essenciais. O vestuário era sóbrio e pouco diversificado. As estatísticas oficiais relativas à habitação urbana mostravam um quadro precário. Em 1936, apenas 6% dos habitantes das cidades dispunham de mais de um cômodo para viver. Outros 40% dispunham de apenas um cômodo, 24% de parte de um cômodo, 5% viviam em cozinhas e corredores e 25% alojavam-se em dormitórios, barracas, tendas etc.

Em toda parte, apesar de um discurso nivelador, a sociedade cindia-se em estratos diferenciados, não assumidos oficialmente, mas perceptíveis. Subsistiam, apesar de progressos notáveis na educação e na saúde públicas, diferenças entre as gerações e os gêneros, sem falar em distinções mais radicais como as existentes entre os *incluídos* na sociedade e os privados de direitos (*lichentsy*), considerados *inimigos do povo*. Mesmo entre os trabalhadores fabris, em relação aos quais era enfático o discurso igualitarista, persistiam velhas divisões, como as existentes entre os migrantes provenientes recentemente dos campos e os já habituados às condições urbanas, operários, às vezes, de segunda geração. E novas diferenças, como as introduzidas pelo salário por peça e pelos estímulos materiais à obtenção de resultados. Em 1938, 60% dos trabalhadores não conseguiram cumprir as normas de produção, frequentemente fixadas em altos patamares, de modo arbitrário. Em 1937, o salário médio real correspondia a pouco mais da metade do que fora pago em 1928, atestando uma degradação concreta da remuneração pelo esforço concedido.

Ao mesmo tempo, no entanto, os *trabalhadores de choque* (*udarniks*), que cumpriam ou ultrapassavam as normas, ganhavam recompensas especiais, acesso a bens escassos, regalias e privilégios. A partir de 1935, o movimento *stakhanovista*, do nome de A. Stakhanov, um mineiro que se tornou famoso pelos altos índices de produtividade que conseguia alcançar, tendeu a consolidar uma camada diferenciada no interior da classe trabalhadora. Muitos apontariam o fenômeno como incompatível com a sociedade socialista, mas a política dos *estímulos materiais* angariou adeptos. Embora recorrentemente criticada, perduraria ao longo do tempo.

A verdade é que se constituiu uma pirâmide social, e esta tinha uma cúpula formada por dirigentes de empresas, engenheiros, administradores, cientistas, altos burocratas, oficiais das Forças Armadas, professores titulados, médicos, técnicos qualificados, que compreendia, segundo diferentes cálculos, de 7 a 13 milhões de pessoas, ou seja, entre 4% a 7,5% da população total. Em 1939, Molotov quantificou-os em 9,5 milhões de pessoas. Uma classe burocrática emergente? Uma nova classe dominante, embora não estruturada com base na propriedade privada? O fato é que aí estava o núcleo dos que decidiam os rumos da sociedade, *gestores* de uma nova modernidade que estava surgindo, alternativa.

Nesses níveis os salários eram bem mais altos. O que mais importava, porém, era o acesso a certo tipo de vantagens que atestavam poder e prestígio e valiam mais do que qualquer outra coisa naquela sociedade de escassez: habitações melhores, colônias de férias, lojas especiais, possibilidades maiores de promoção, transporte particular, possibilidade de viagens, principalmente ao exterior etc.

Os novos gestores assumiriam cada vez maior importância no Estado e no Partido Comunista. Correspondiam a 21% dos delegados ao XVII Congresso do Partido em 1934. Cinco anos mais tarde, no XVIII Congresso, em 1938, já eram 54% dos delegados. Na mesma época, os operários diretamente ligados à produção não passavam de 15% dos filiados. Registre-se, no entanto, que quase metade dos que estavam nas altas cúpulas eram provenientes de famílias operárias ou camponesas, evidenciando um processo de mobilidade vertical e de *plebeização* do poder.

Na sociedade soviética nos anos 30, entrecruzavam-se épocas e estilos. Contrastes agudos, inesperados. Magnitogorski era o símbolo e a síntese da modernidade socialista que estava sendo plasmada. Saída do nada, a nova cidade era a expressão da técnica mais refinada da época. Na sua construção, combinavam-se a generosidade dos voluntários *vermelhos*, cheios de entusiasmo, e o trabalho semisservil dos *zeks*. A liberdade de um novo mundo e a prisão do Antigo Regime. Não era o socialismo profetizado na teoria e nos livros, mas um sistema que *realmente existia*.

Como o viviam e interpretavam-no as pessoas comuns e as próprias elites? Como trabalhavam naquele mundo de permanente mobilidade, naquela sociedade de *areias movediças?*

Os mitos positivos do socialismo num só país

A intensa mobilização da sociedade soviética ao longo dos anos 30 baseou-se em algumas convicções, compartilhadas por largas maiorias. Sem elas, não seria concebível que tanta gente estivesse disposta a tantos sacrifícios num período de tempo tão concentrado. Para o enfrentamento das dificuldades, para superá-las, e alcançar os objetivos dos Planos, construíram-se *ideias-força*, quase sempre reativando ou atualizando tradições integrantes de uma cultura política comum, enraizada no tempo.

Em primeiro lugar, permeando todos aqueles anos de lutas e embates titânicos, a proposta de uma sociedade *nova*, igualitária e justa. Trazer a utopia dos sonhos para a realidade. Construir um *homem novo*. Um ser humano solidário que não pensasse principalmente em si mesmo, de forma egoística, como nos países capitalistas, mas no conjunto, na sociedade como um todo, em todo o mundo, na inteira humanidade. No presente, lançar bases para o futuro. Um viajante entusiasmado exclamaria, referindo-se àqueles anos soviéticos: *eu vi o futuro, e ele funciona.* Por estar *vendo* o futuro, é que tantos se mobilizavam e consentiam tamanhos sacrifícios.

Para alcançar esse futuro, a União Soviética precisava, a todo custo, a qualquer preço, *modernizar-se.* As fábricas e os densos rolos de fumaça, as torres dos poços de petróleo, as grandes barragens hidrelétricas, os tratores e as locomotivas, as inovações tecnológicas, as máquinas, a técnica em ação, em movimento veloz, eis a tradução prática e concreta da modernidade que se estava construindo. Mas uma modernidade a serviço da coletividade, em que os bens produzidos por todos pertenciam ao Estado, que representava a todos. A equação rompia com os padrões da celebração da liberdade e do sucesso individuais, para exaltar, alternativamente, a sociedade e, nela, sobretudo, os homens e as mulheres comuns que trabalhavam e davam o suor e a vida para que a sociedade soviética e a humanidade pudessem, um dia, viver em condições de igualdade e justiça social.

Houve naquele momento a reativação de toda uma tradição russa de procura de caminhos alternativos aos padrões ocidentais no sentido da construção de uma *outra modernidade.* Admitia-se a incorporação maciça da ciência e da técnica ocidentais, era possível importá-las e *usá-las,* mas de uma forma essencialmente *instrumental,* porque deveriam estar inseridas numa *outra* proposta de construção social. Retomava-se a crítica à subserviência com que certas propostas modernizantes se relacionavam com o Ocidente. Era preciso romper com *essa* tradição e nada mais simbólico nesse sentido do que a mudança da capital do país. De São Petersburgo/Petrogrado/Leningrado para Moscou. Da bela e graciosa janela debruçada sobre o Ocidente para a velha cidade imperial dos tsares, o coração das Rússias, agora reconvertida em farol da revolução mundial.

Foi possível, nesse universo de referências, reativar igualmente o amor ancestral à *terra russa,* mesclando o tradicional patriotismo ao nacionalismo moderno. Não havia invenção importante que não contasse com a participação de um sábio russo, nem proeza de alcance mundial que não registrasse a presença de um russo. As nações não russas e o conjunto do movimento revolucionário mundial curvavam-se diante daqueles *irmãos mais velhos*, dispostos a qualquer sacrifício para salvar a humanidade. Como se o antigo messianismo moscovita baseado na crença da *terceira Roma* houvesse se transmudado para dar origem a uma nova Moscou, capital da emancipação da humanidade.

O processo de *modernização*, no entanto, não poderia realizar-se sem custos e sem sacrifícios. Argumentava-se que haveria uma terrível reação dos inimigos internos e externos da revolução. Eles se mobilizariam com toda a fúria para que a alternativa de futuro encarnada pela revolução soviética não se consolidasse. Era preciso, portanto, preparar-se para um processo de exacerbação das contradições sociais, em que todas as armas seriam empregadas de modo implacável por ambos os lados, inclusive, talvez principalmente, segundo as circunstâncias, a arma do *terror*.

O TERROR: REPRESSÃO E MOBILIZAÇÃO

A revolução, nos seus inícios e durante a guerra civil, conhecera já a prática do terror revolucionário, *vermelho*, exercida pela Comissão Extraordinária para o Combate à Contrarrevolução e à Sabotagem, a temível *Tcheka*, e a do terror contrarrevolucionário, *branco*. Julgamentos e fuzilamentos sumários, atos abomináveis de crueldade, tortura. A matança da família imperial, em 1918, simbolizara o caráter implacável daqueles tempos.

Com a NEP, houve a expectativa de que tais recursos e métodos estivessem definitivamente superados. Em 1922, a criação da Administração Política Unificada do Estado, OGPU, em substituição à *Tcheka*, parecia indicar outros rumos, inclusive porque acompanhada da publicação de novos códigos jurídicos, como se o país se encaminhasse para a construção de um Estado de direito.

Na verdade, a *exceção* perdurava, ou seja, a ditadura revolucionária, a começar pelo fato de que o Partido Único situava-se acima da lei, regido por regras próprias. Além disso, os dirigentes do Estado, formalmente eleitos pelos sovietes, a rigor, eram responsáveis apenas perante o Partido.

Logo depois da guerra civil, esboçando uma tendência, houve a decisão de *limpar (tchistit')* o Partido de elementos corrompidos, acusados de nele haver ingressado para apenas usufruir as benesses do poder. Foi um processo traumático não só porque alcançou dezenas de milhares de filiados, mas também, e sobretudo, porque todos foram convocados para acusar e delatar os *desviados*, instaurando-se uma atmosfera de medo e suspicácia.

Ainda nos fins dos anos 20, dois grandes processos abalariam a sociedade: o das minas de Chakhty (1928) e o do chamado Partido Industrial (1930). No primeiro, seis engenheiros foram fuzilados, acusados de sabotagem. No segundo, toda uma rede de técnicos apareceu flagrada numa conspiração com ramificações internacionais. Houve confissões públicas de crimes atrozes e novos fuzilamentos. A sociedade foi mobilizada para acompanhar os casos e fazer coro na denúncia dos culpados de cumplicidade com os inimigos internos e externos. Era preciso aperfeiçoar a vigilância.

Mais tarde, em meados dos anos 30, novos processos voltariam a chamar a atenção da sociedade e da opinião pública mundial, os chamados *grandes processos de Moscou*, que liquidaram uma parte importante dos altos dirigentes do partido bolchevique durante a revolução de 1917. O primeiro, em agosto de 1936, teve dezesseis acusados, todos fuzilados, entre os quais G. Zinoviev e L. Kamenev. Em janeiro de 1937, mais dezessete acusados e treze condenações à morte, entre os quais I. Piatakov, G. Sokolnikov, L. Serebriakov e K. Radek. Finalmente, em março de 1938, vinte e um acusados e dezoito condenações à pena máxima, entre eles, N. Bukharin, A. Rykov, N. Krestinsky, C. Racovski, G. Iagoda.

Processos públicos, autênticos *circos romanos*, baseados quase que exclusivamente em confissões. Homens que até então gozavam da maior confiança do Partido e do Estado eram agora acusados de sabotagem, espionagem, tentativas de assassinato, golpes de Estado, apontados à execração pública.

As Revoluções Russas

Ao longo dos anos 30, os expurgos continuaram, implacáveis. Dos 1.966 delegados ao XVII Congresso, em 1934, 1.108 foram atingidos até 1938. Dos 139 dirigentes eleitos para o comitê central, em 1934, nada menos que 98 desapareceram.

A *limpeza* nas cúpulas enfraqueceu decisivamente o Partido como órgão de poder. Basta dizer que seus congressos, ao longo de treze anos, entre 1939 e 1952, não se reuniram uma única vez. Entretanto, a perseguição das elites foi apenas a ponta de um imenso *iceberg*. Com efeito, e desde fins dos anos 20, quando a NEP foi abandonada na prática, o *terror vermelho* abateu-se sobre toda a sociedade: os camponeses, maciçamente expropriados e deportados, foram convertidos em cidadãos de segunda classe; os trabalhadores urbanos eram controlados por códigos draconianos que previam penas de prisão para simples transgressões do contrato de trabalho; nas empresas, o princípio da direção única (*adinonatchalie*) investia os chefes de poderes discricionários; as elites revolucionárias das nações não russas, particularmente na Ucrânia, sofreram pesadas perdas, acusadas de *desvios nacionalistas*.

Foi um tempo difícil para as artes e a cultura em geral. A relativa abertura que prevalecera durante a NEP, gerando um certo pluralismo de escolas e tendências, foi substituída por associações nacionais de intelectuais e artistas rigidamente centralizadas e regidas por uma nova doutrina: o *realismo socialista*. Era preciso criar heróis *positivos*. Os que se opunham, quando não cometiam suicídio (casos célebres de Essenin e Maiakovski), seriam considerados *dissidentes*: presos, deportados, exilados, fuzilados.

As próprias Forças Armadas também tiveram seus altos escalões dizimados. Em dois anos, 1937-1938, a *limpeza* alcançou três dos cinco marechais, treze entre quinze comandantes de exércitos, 75 dos oitenta membros do Conselho Militar Supremo, 57 dos 85 chefes de corpos de exércitos, 110 dos 195 comandantes de divisão, 35 mil dos oitenta mil oficiais.

O terror vermelho, indubitavelmente, eliminou, controlou e inibiu as oposições, efetivas e supostas. Mas talvez essa face *negativa* não seja a mais importante, porque, *positivamente*, o terror também ativou e coesionou. Num contexto de ameaças crescentes, é verdade que muitas vezes instrumentalizadas pelo poder, numa escala frenética e global, em toda parte, uma sociedade *mobilizada*, vigilante, procurava, encontrava e denunciava os *inimigos do povo*. Abriam-se, assim, amplos horizontes de ascensão social. A cada queda promovida por uma *limpeza*, um lugar vago a ser preenchido. Uma nova geração ascenderia ao poder nesse processo: os N. Kruchov, A. Kossiguin, L. Brejnev, A. Gromiko, L. Kaganovitch, A. Mikoyan, A. Andreev, A. Zhdanov com seus círculos de discípulos fiéis. Chefes organizadores, determinados, disciplinados, enérgicos, provenientes das camadas profundas do povo, eram responsáveis somente perante quem os nomeara: o Guia Supremo, o Grande Chefe, o Maquinista da Locomotiva da História – Stalin. Único a salvo do longo braço do terror, em torno dele formou-se um formidável culto à personalidade, um outro fator maior de coesão social naqueles tempos de extraordinária turbulência.

E assim se fez um imenso país, afinal, uma outra modernidade, alternativa, o *socialismo realmente existente*.

4. A Segunda Guerra Mundial
E O APOGEU DO SOCIALISMO SOVIÉTICO

A Segunda Guerra Mundial sempre foi chamada na União Soviética, enquanto o país durou, e sobretudo pelos russos, de a *Grande Guerra Pátria*. A expressão resume melhor do que qualquer outra coisa o caráter de luta pela sobrevivência que a guerra implicou para todos os povos que viviam na União Soviética, particularmente para os eslavos e, entre estes, uma vez mais, para os russos.

A guerra, entretanto, também foi um teste para a modernidade socialista soviética edificada nos anos anteriores. O sistema passou pelo teste e dele saiu fortalecido, aureolado.

A Grande Guerra Pátria

A operação Barba Ruiva, nome de código com que os nazistas chamaram a invasão da União Soviética, teve início em 22 de junho de 1941. Começava então o enfrentamento mais decisivo da Segunda Guerra Mundial que só terminou com a conquista de Berlim e o fim da guerra em maio de 1945, quase quatro anos depois.

A guerra entre a Alemanha nazista e a União Soviética pode ser compreendida em três grandes fases.

A primeira vai do início da ofensiva, em junho de 1941, a dezembro do mesmo ano, quando, afinal, os russos conseguiram deter os exércitos alemães a poucos quilômetros de Moscou, tão poucos que as vanguardas alemãs já divisavam as torres do Kremlin. Foi o período em que os nazistas mantiveram a iniciativa e registraram grandes vitórias. Pareciam destinados a esmagar definitivamente a URSS, numa vasta *blietzkriek*, baseada na destruição no solo da aviação de guerra inimiga, no consequente controle do espaço aéreo e no avanço rápido e envolvente das tropas mecanizadas. Uma aplicação, em escala ampliada, da estratégia e das táticas militares já empregadas com sucesso em outras ofensivas na Europa central (Polônia/1939), do norte (Dinamarca e Noruega/1940) e ocidental (França, Bélgica e Holanda/1940).

Tendo cercado Leningrado, os alemães, entretanto, não lograram tomá-la, e também não conseguiram, no centro do país, conforme previam os planos, submeter Moscou. O rigorosíssimo inverno de 1941-1942 impôs uma pausa nas grandes operações militares. Os alemães aproveitaram-na para organizar as linhas, perigosamente estendidas, e imaginar novos planos ofensivos. Os russos dedicaram-se a controlar as consequências dos desastres provocados pelas grandes derrotas do verão e outono de 1941, reorganizar forças e preparar reservas.

A segunda fase começou na primavera de 1942 e se desdobrou até fevereiro do ano seguinte. Os alemães, conservando a iniciativa, escolheriam agora outro eixo para a sua ofensiva principal. Tratava-se de alcançar o Rio Volga e as regiões adjacentes ricas em cereais e o Cáucaso, onde se encontrava Baku, o maior centro petrolífero soviético de então, cortando a *veia jugular* do esforço de guerra soviético. No caminho, fazer saltar o ferrolho que protegia toda a área, a cidade de Stalingrado, com o imenso simbolismo representado pelo fato de a cidade ostentar o nome do grande chefe comunista soviético.

Em torno de Stalingrado travou-se a maior batalha da Segunda Guerra Mundial, reunindo quase dois milhões de soldados de ambos os lados. Depois de meses de encarniçados combates, os russos a venceram em fevereiro de 1943. Uma reviravolta decisiva, um impacto mundial. A vitória seria confirmada por uma outra grande batalha, de homens e de tanques, travada em julho de 1943 nos arredores de Kursk, também vencida pelos russos.

A partir da primavera de 1943, começaria a terceira e última fase da guerra. A iniciativa agora seria dos russos, e eles não mais a perderiam. Mantendo a pressão ao longo do inverno de 1943-1944, no início deste último ano os exércitos soviéticos da frente Sul já atingiam as fronteiras de 1939. Desde aí, espalha-ram-se pela Europa central com incrível rapidez, como um *rolo compressor* e, em agosto de 1944, já pisavam territórios alemães da Prússia oriental. Até a tomada de Berlim e a rendição incon-dicional do Reich nazista, em maio de 1945, ainda houve muita luta, muitas perdas humanas e materiais, mas a guerra estava decidida. O nazismo fora destruído.

A União Soviética, sem dúvida, suportou o maior fardo da guerra. As estimativas de perdas humanas alcançaram cerca de vinte milhões de pessoas (sete milhões de soldados e treze milhões de civis). O contraste com as potências ocidentais é revelador. Juntos, Estados Unidos, França e Inglaterra somaram 1,3 milhão de mortos. Se o sofrimento humano de cada morte é insuscetível de comparações, a medida do impacto social e econômico das perdas nas respectivas sociedades é mensurável, conferindo à União Soviética um lugar único na grande luta que a humanidade travou para abater o nazismo.

A avaliação das perdas materiais, computadas por levan-tamento desenvolvido tão logo os invasores nazistas foram ex-pulsos dos territórios soviéticos, evidencia igualmente o caráter catastrófico da guerra: 1.710 cidades e cerca de setenta mil aldeias completamente destruídas, equivalentes a quase metade do es-paço urbano existente: 1,2 milhão de habitações urbanas e 3,5 milhões de habitações rurais gravemente avariadas ou riscadas do mapa. Perdas totais ou graves avarias em 65 mil quilômetros de trilhos, 15.800 locomotivas, 428 mil vagões, 4.280 barcos diversos. Em certas áreas todo o parque fabril fora arrasado. Na Ucrânia, território de desenvolvimento industrial relativamente sofisticado para os padrões soviéticos, apenas 1,2% do seu po-tencial anterior à guerra estava em condições de operação. Em todos os setores estratégicos – carvão, eletricidade, petróleo, aço, ferro, cimento, tratores, açúcar, tecidos –, considerado o conjunto do país, incluindo-se, portanto, as regiões não ocupadas e destruí-das pelos nazistas, havia quedas que variavam de 10% a 70%.

O quadro era sombrio também na agricultura. A área semeada reduzira-se em 25 milhões de hectares, cerca de 23%, entre 1940 e 1945. A produtividade por hectare plantado caíra cerca de 35%. Em consequência, as colheitas registraram queda de um pouco mais de 50%. Quadro semelhante era apontado em relação aos rebanhos de gado.

As estatísticas não mediam, evidentemente, os traumas psicológicos, as neuroses adquiridas, as mutilações físicas e espirituais, as patalogias acumuladas... como estimá-las? Chagas que permaneceriam como ferro em brasa, marcando aquela sociedade por gerações.

Tão logo a guerra acabou, e antes mesmo que se encerrasse, começaram, como sempre, outras batalhas, historiográficas.

A GUERRA E A LUTA PELO CONTROLE DA MEMÓRIA

Enquanto durou a guerra, e mesmo depois de assinada a rendição dos nazistas, havia em toda a parte uma imensa admiração pelos feitos russos e soviéticos. Stalingrado tornou-se uma palavra mítica, símbolo de resistência e bravura, momento decisivo de reviravolta naquela grande guerra que opusera a democracia e a liberdade ao nazismo. O fato de que uma terrível ditadura política existisse na URSS apenas era mencionado, assim como os propósitos socialistas da revolução soviética, ainda vivos, apesar da dissolução da Internacional Comunista, em 1943. Stalin era considerado um grande líder político, admirado e reverenciado por políticos e intelectuais dos mais variados quadrantes. Mantinham-se de pé as expectativas formuladas em Ialta, em fevereiro de 1945, de que a Grande Aliança poderia e deveria perdurar para além da derrota do nazismo. A unidade forjada na guerra se manteria agora na paz, em torno da construção de um mundo pacificado e harmonioso, mais justo, igual e livre.

A irrupção da guerra fria mudou esse quadro idílico, incidindo na recuperação e na interpretação da história, nas *batalhas da memória*.

Entre os soviéticos, até meados dos anos 50, prevaleceu a celebração acrítica. A guerra era uma oportunidade sem igual para celebrar os *heróis positivos* construídos no quadro do socialismo soviético. Stalin, objeto de um desmesurado culto à personalidade, consolidava-se como o grande chefe do comunismo internacional e também como líder militar incontestável, responsável pela determinação das grandes linhas estratégicas e pelo acompanhamento detalhado das operações militares, deixando num plano secundário, quase na obscuridade, a legião de comandantes militares que haviam se destacado nos quatros anos de lutas (Zhukov, Timochenko etc.).

A partir da *desestalinização* e da demolição do mito, a avaliação do papel do *guia genial dos povos* sofreu uma guinada: os soviéticos não tinham vencido a guerra por causa de Stalin, mas *apesar* de sua liderança. Saíram então da sombra os chefes militares soviéticos que, numa série de momentos, com clarividência e coragem, haviam evitado ou reparado os frequentes erros cometidos por um Stalin apresentado agora como ignorante e prepotente.

Num segundo momento, quando se abriram pela primeira vez os dossiês de Moscou, ainda que por pouco tempo, foi possível descobrir o quanto o Exército Vermelho fora enfraquecido pelas operações de *limpeza* já referidas, que dizimaram efetivamente os altos escalões da máquina de guerra soviética.

De modo geral, a Grande Guerra Pátria, entretanto, continuou sendo apresentada como um momento de consolidação do socialismo e de afirmação dos povos soviéticos e do povo russo em particular. Um triunfo dos soldados e dos cidadãos comuns, dirigidos por seu partido comunista.

Mais recentemente, nos anos 90, na fase final da *perestroika*, e nos anos subsequentes, com a abertura de novos arquivos, na atmosfera de desmoralização, desagregação política e desestruturação cultural que passou a caracterizar os povos que viveram a experiência da URSS, os episódios da Grande Guerra Pátria passaram por um novo escrutínio, levando muitos a desconsiderar feitos e glórias antes exaltados. Como se os nazistas houvessem perdido a guerra muito mais pelos erros que cometeram do que pelos méritos dos povos e das armas soviéticas.

Do outro lado do mundo, a maior parte da historiografia anglo-norte-americana, desde muito cedo, passou a rever a importância da contribuição soviética para o desenlace da guerra. Enfatizava-se o caráter decisivo da abertura da *segunda frente*, em junho de 1944, nas praias da Normandia, no norte da França, precedida pelo desembarque no norte da África (1942) e na Itália (1943). Tais golpes é que teriam determinado o enfraquecimento do nazismo, desde então obrigado a combater em duas frentes, não apenas a leste, mas também no Ocidente. Além disso, argumentava-se que o esforço militar soviético fora apoiado, em larga medida, por contribuições dos Estados Unidos no contexto dos acordos de *lend-lease*, que previam, a partir de 1941, o fornecimento de material bélico, de matérias-primas estratégicas e de equipamentos de todo o tipo ao esforço de guerra antinazista. Assim, o *rolo compressor* simplesmente não teria existido sem os produtos *made in USA*. Essa orientação, mais ou menos reforçada segundo as circunstâncias e os avatares da guerra fria, perdurou no tempo, constituindo uma tendência que relativizaria ou mesmo minimizaria o papel autônomo da URSS na destruição do nazismo, embora fosse inegável o *fardo* suportado pelos soviéticos ao longo da Segunda Guerra Mundial.

No caleidoscópio apresentado por essa sucessão de *revisões críticas*, é possível formular avaliações que alcancem um certo consenso e que permitam compreender as razões da vitória soviética?

A VITÓRIA SOVIÉTICA: RAZÕES DE UM TRIUNFO HISTÓRICO

Em relação ao início fulminante da invasão nazista, de resultados catastróficos para a União Soviética, que por pouco não resultou na queda de Leningrado e Moscou, há seguras evidências de que o governo soviético e Stalin, em particular, subestimaram de modo trágico a hipótese da ofensiva alemã.

Embora dispusesse de informações detalhadas sobre a iminência do ataque, proporcionadas por redes próprias de espionagem, complementadas pelos norte-americanos e ingleses, a direção soviética preferiu apostar na solidez de um tratado de não agressão assinado com a Alemanha nazista, em agosto de 1939, depois de um longo e complexo jogo diplomático. Confiou sem reservas nos pactos secretos, anexados ao acordo principal, que previam uma verdadeira divisão da Europa central em áreas de influência, entre a Alemanha e a URSS. Assim, não se estimou possível que Hitler pudesse efetuar uma reviravolta em seus planos de expansão no Ocidente e voltasse sua máquina de guerra contra os próprios soviéticos.

A avaliação equivocada quase levou a uma derrota decisiva, da qual se escapou por razões que parecem também relativamente estabelecidas.

Os nazistas, em sua arrogância doutrinária, definiram uma política genocida de guerra. Nunca investiram de modo consistente em estimular ou aproveitar a seu favor as contradições sociais e, principalmente, nacionais que existiam na URSS, acirradas no contexto da implementação dos Planos Quinquenais. Nas regiões mais ocidentais da União Soviética, muito traumatizadas pela coletivização forçada e por processos de repressão política, cedo desapareceu uma certa simpatia ao invasor, substituída, como em toda parte, pelo pavor e pelo ódio.

Entre os russos, desde o início, fez-se muito clara a consciência de que era preciso resistir para sobreviver. Nesse particular, o governo soviético soube construir uma sintonia fina com a sociedade. A Grande Guerra Pátria não seria um *slogan* vazio. Sintetizava toda uma ênfase nos valores patrióticos, no estímulo a ódios ancestrais, na mobilização de referências ligadas ao *glorioso passado russo* e ao culto de *antepassados heroicos*.

Reencontrou-se a religião ortodoxa à qual foram permitidas novas margens de liberdade. Adotaram-se emblemas, condecorações e hierarquias tradicionais. A Internacional Comunista foi substituída por um outro hino, de ressonâncias russas. O Partido Comunista e suas organizações associadas de jovens e mulheres tranformaram-se em grandes frentes amplas populares e patrióticas. No final da guerra, mais de vinte milhões de pessoas faziam parte de suas fileiras.

Também houve concessões importantes aos camponeses, aos quais foi atribuída liberdade para cultivar pequenos lotes privados e vender a produção daí resultante em *mercados paralelos* que o governo tolerava. Havia no ar uma promessa messiânica: o desmantelamento da propriedade coletiva se e quando o *alemão* fosse derrotado.

Finalmente, mas não menos importante, jogou um papel--chave a experiência adquirida com os Planos Quinquenais. O planejamento centralizado, a capacidade de organização, o enquadramento semimilitarizado da sociedade, a noção de sanções, um aparelho apto a aplicá-las, em suma, uma economia *mobilizada*. Em grande medida, foi tudo isso que permitiu executar os grandiosos planos de evacuação que transferiram mais de 1.500 indústrias e cerca de dez milhões de pessoas para regiões que estivessem a salvo da ameaça iminente de ocupação nazista e que puderam se integrar, assim, ao esforço de guerra do país. E organizar a população, apesar das duríssimas condições de vida e de trabalho, para a vitória.

Em relação à apreciação do papel de Stalin, é necessário evitar as armadilhas da história retrospectiva. Depois de um começo hesitante, em que ficou claramente desorientado com a invasão alemã, assumiu o papel que lhe cabia de líder político e o desempenhou do modo habitual. Nem um semideus infalível, nem um demônio de erros, mas um ditador brutal, meticuloso, com uma grande capacidade de trabalho e nenhum respeito pela vida.

Quanto aos auxílios materiais norte-americanos, desempenharam, sem dúvida, um papel importante, mas foram os russos, afinal de contas, que salvaram a sua pátria, a União Soviética e a si próprios. A maioria dos historiadores, com um mínimo de isenção, o reconhece.

A Grande Guerra Pátria, porém, também salvou o socialismo soviético. Embora não prevista formalmente pela doutrina, a associação entre *pátria* e *socialismo* fora construída pela história. Com a guerra, a União Soviética transformara-se numa das duas superpotências mundiais. E por causa dela, apesar de todos os horrores, ingressaria numa fase de apogeu.

A URSS no imediato pós-guerra: esperanças, repressão e guerra fria

Na fase final da guerra, e logo depois dela, consciente da vitória obtida e do papel que nela desempenhara, a sociedade soviética viveu, apesar dos traumatismos, momentos de contentamento, autossatisfação e orgulho. Parecia encerrado um ciclo infernal: a Primeira Guerra Mundial, iniciada em 1914, as revoluções, a guerra civil, a revolução pelo alto, a coletivização forçada e o terror, mais quatro anos de uma outra grande guerra, iniciada com a invasão nazista. No conjunto, um pouco mais de três décadas de sofrimentos terríveis e sem fim. As esperanças de melhores dias não pareciam, afinal, justificadas e viáveis?

É certo que as destruições provocadas pela guerra, as carências de todo o tipo ainda subsistentes e as exigências da reconstrução não conferiam muitas margens de manobra. Poucos disso poderiam duvidar. A escassez continuaria marcando a vida de todos, os sacrifícios a serem consentidos ainda seriam grandes para que a sociedade pudesse voltar a algo parecido com a *normalidade.*

Antes mesmo do encerramento da guerra, outros, no entanto, pareciam ser os cálculos do poder que já se preparava para enquadrar a sociedade nos rumos e na trilha traçada pela política modernizante dos Planos Quinquenais dos anos 30.

Desde 1943-1944, ainda em plena guerra, mal desocupado o território soviético, recomeçaram a apertar os controles e a desencadear a repressão em grande escala. As primeiras vítimas, objeto de decisões na época secretas, foram pequenos povos acusados de *colaboracionismo* com o inimigo. No Cáucaso, karatchais, kalmyks, tchetchenos, inguches, balkars, meskhets. Na península da Crimeia, tártaros, gregos, búlgaros, armênios. Homens, velhos, mulheres e crianças, deportados para as lonjuras siberianas. A responsabilidade solidária no crime, estendida ao grupo familiar ou à aldeia, um tradicional princípio penal tsarista, já retomado nos anos 30, agora era ainda mais ampliado, alcançando o conjunto da nacionalidade, sem discriminação de sexo, idade ou condição social. No total, um pouco mais de um milhão de pessoas, todas deportadas. A rigor, antes mesmo da invasão nazista, procedimentos semelhantes haviam sido adotados entre 1939-1941, nos territórios ocidentais recentemente anexados, contra dezenas de milhares de poloneses, lituanos, letões, estonianos, assim como contra populações descendentes dos chamados colonos alemães do Volga (cerca de um milhão de pessoas), deportados sem julgamento, por simples decisão administrativa, *culpados* pela nacionalidade adquirida quando nasceram.

Logo depois da guerra, a repressão atingiria também os soldados e civis soviéticos aprisionados pelos alemães. Apesar do terrível tratamento a que foram submetidos nos campos de concentração nazistas, eram considerados suspeitos por terem violado a determinação que prescrevia a luta até a morte, interditando a rendição em qualquer circunstância. Eram cerca de 4,1 milhões de pessoas, entre os quais 2,6 milhões de civis. Foram encaminhados para uma organização recém-criada, a *fil'tratsia*, encarregada de inquirir e *filtrar* os ex-prisioneiros. Entretanto, mesmo os que passavam pelos interrogatórios (58% do total), ao retornarem para casa e ao trabalho, eram vigiados, quando não discriminados por vizinhos e colegas. Já os que não passaram pelo *filtro*, eram encaminhados às Forças Armadas ou aos batalhões de trabalho organizados pelo Ministério da Defesa para se *reeducarem*.

Também seriam alcançados, e mais uma vez, os povos do extremo ocidente da URSS, bálticos, moldovos, ucranianos ocidentais, suspeitos de colaboracionismo. Aí prevaleceu uma certa seleção porque não era possível efetuar deportações maciças. Faltariam vagões para tanto, como observou com ironia amarga, anos mais tarde, N. Kruchov.

Foi nessa atmosfera de *escalada* da política repressiva, de adensamento de controles, que incidiram as circunstâncias da crescente rivalidade com os EUA, cada vez mais visíveis, sobretudo depois da morte Roosevelt, em abril de 1945.

A convivência harmoniosa estabelecida na Conferência de Ialta, em fevereiro de 1945, esvaneceu-se e já não existia mais em Potsdam (julho-agosto de 1945), a primeira conferência depois da guerra contra o nazismo entre os representantes da Grande Aliança. Depois veio uma sequência de acontecimentos que parecia dotada de uma lógica irrecorrível: as bombas atômicas lançadas sobre o Japão e a liquidação da guerra no Extremo-Oriente sem consulta aos soviéticos; o discurso de W. Churchill em Fulton (março, 1946), denunciando uma *cortina de ferro* que separava a área controlada pelos exércitos soviéticos do resto da Europa; uma sucessão de encontros fracassados entre representantes das potências; a doutrina Truman de *contenção* (*containment*) da expansão soviética; o Plano Marshall de reconstrução da Europa com exclusão da URSS e das áreas sob sua ocupação na Europa central e oriental, que, por sua vez, se transformavam rapidamente nas chamadas *democracias populares*, nem um pouco democráticas e tampouco populares.

O processo foi num crescendo. A crise de Berlim (1948-1949), a separação formal das duas Alemanhas (1949), a formação de blocos militares e econômicos, o triunfo da Revolução Chinesa (outubro, 1949) e o início da Guerra da Coreia (1950). Em apenas cinco anos haviam desaparecido os sonhos e as esperanças de um mundo pacífico, harmonioso, livre e justo. Em seu lugar, o cerco fechado da bipolarização, as sombras pesadas da guerra fria e a ameaça do holocausto nuclear.

Foi nessas circunstâncias que se realizou a reconstrução da União Soviética.

A RECONSTRUÇÃO DA URSS E O APOGEU DO STALINISMO

O IV Plano Quinquenal (1946-1950) retomou os padrões fixados nos anos 30: prioridade máxima para os chamados setores de *base*: energia elétrica, minerais estratégicos (carvão, ferro e petróleo), infraestrutura de transportes e comunicações, aço, metalurgia pesada. Consumiram 87,9% dos investimentos, contra apenas 12,1% para a produção dos bens de consumo, incluindo construção civil e alimentos. A volta da economia de comando, mobilizada.

Os camponeses, mais uma vez, suportaram o fardo mais pesado. As concessões feitas durante a guerra foram cedo revogadas desde setembro de 1946. O Estado retomou o controle sobre grandes extensões de terras cuja gestão havia sido transferida para os *mujiks*, diminuindo no mesmo movimento a tolerância com os mercados livres onde podiam ser comercializados os excedentes extraídos dos pequenos lotes. O golpe maior veio em dezembro de 1947, quando se aprovou uma reforma monetária que esterilizou as poupanças acumuladas pelos camponeses (1 rublo novo equivalente a 10 antigos). Ao mesmo tempo, as políticas fiscal e de preços continuavam avantajando os produtos industriais em detrimento do que se produzia nos campos. Muitas vezes, os preços oferecidos por alimentos básicos não pagavam sequer os custos do transporte até os pontos de venda.

Em 1952, decidiu-se aprofundar o processo de coletivização, concentrando ainda mais a produção com a criação de gigantescos *kolkhozes*. O plano previa reduzir o universo dos *kolkhozes* para 75 mil unidades (eram 252 mil). A unidade básica de produção deixaria de ser o tradicional *zveno*, que reunia entre seis e dez pessoas, para assumir as dimensões da *brigada*, congregando cerca de cem produtores. Na perspectiva de uma *socialização da produção* cada vez maior, chegou a ser elaborado um projeto de construção de *agrocidades (agrogoroda)*. O voluntarismo parecia novamente não ter limites: em outubro de 1948, aprovou-se um Plano para a Transformação da Natureza prevendo uma imensa rede de canais e uma política ambiciosa de reflorestamento.

Predominavam as orientações do planejamento centralizado, pouco importando as contingências do meio ambiente e as possibilidades reais das pessoas envolvidas. Nessa atmosfera de metas inalcançáveis e de normas insuscetíveis de realização, medravam, não raro, os relatórios fictícios, a falsificação de estatísticas e o aparecimento de charlatães convictos, como o emblemático T. Lysenko, um agrobiologista que prometia elevar drasticamente os rendimentos agrícolas por meio de uma *bio-*

logia socialista, em oposição à decadente *biologia capitalista*. Os críticos eram desqualificados, naturalmente, como sabotadores e *agentes dos inimigos*. Até ser desmascarado, Lysenko causaria enormes prejuízos e danos à agricultura e à ciência soviéticas, sem falar nas carreiras e vidas que seus delírios levaram à perda.

Não gratuitamente, os planos não se realizavam. Em 1940, já as colheitas de cereais não alcançaram 80% das estimativas. Em 1948, foram inferiores a 60%. Em 1949, um pouco menos, 56%. Entre 1950 e 1952 houve pequenas melhoras, mas em 1953, novamente, os resultados chegaram a apenas 70% das previsões, inferiores aos alcançados em 1940, apenas levemente superiores aos registrados em 1914. O mesmo se verificava em relação à produção de algodão, de couro e de açúcar, todas inferiores ao período anterior à guerra.

Decididamente, a agricultura coletivizada não funcionava.

As autoridades deploravam a falta de organização, a incúria, e responsabilizavam a má vontade dos *mujiks*, a sabotagem, o clima. Para elas, a solução residia em radicalizar a coletivização, como recomendado explicitamente por Stalin em sua última obra sobre os problemas da economia socialista. Não se conseguia explicar, entretanto, por que e como, em seus pequenos *lenços de terra*, remanescentes, ocupando apenas 4% da superfície cultivada, os camponeses conseguiam produzir mais de 50% dos legumes e das batatas disponíveis para o consumo, além de garantir o básico da própria sobrevivência.

Em contrapartida, beneficiados por maciços investimentos, os setores industriais considerados estratégicos batiam todos os recordes, ultrapassando de longe os patamares alcançados antes da guerra: a produção de carvão passou de 165,9 para 261,1 milhões de toneladas; a de petróleo, de 31,1 para 37,9 milhões de toneladas; a de aço, de 18,3 para 27,3 milhões de toneladas; a de eletricidade, de 48,3 para 91,2 bilhões de quilowatts. Condicionada pelas prioridades da guerra fria, também aumentava a produção de armamentos, de difícil mensuração, porque protegida pelo segredo das estatísticas. Mas é sintomático que, entre 1948 e 1955, os efetivos das Forças Armadas tenham evoluído de 2,874 milhões para 5,763 milhões de homens e que as despesas militares tenham registrado um salto de 45%, entre 1950 e 1952, enquanto, no mesmo período, as despesas totais do Estado cresciam menos de 15%. A afirmação, reiterada, da preponderância dos *dinossauros comedores de ferro e de aço*, em detrimento dos interesses dos setores cuja produção beneficiava o consumo das pessoas comuns.

O V Plano Quinquenal, formalmente aprovado pelo XIX Congresso do Partido Comunista, em outubro de 1952, não previu nenhuma mudança de prioridades e ritmos. O sistema continuaria reproduzindo os seus padrões. Quanto à população, seria necessário recorrer, uma vez mais, aos métodos de mobilização intensiva das consciências, de comprovada eficiência nos anos 30.

A mobilização da sociedade

No contexto da guerra fria emergente, a defesa da União Soviética e do socialismo cedo constituiu, e mais uma vez, um dos eixos fundamentais da mobilização social. O isolamento internacional fora rompido, a URSS tornara-se uma superpotência mundial e o socialismo havia consideravelmente ampliado seu campo, agora integrando as *democracias populares* na área da Europa central, e, desde outubro de 1949, a China popular. No entanto, o mito da *fortaleza sitiada* continuava muito presente no discurso das autoridades e nas mobilizações sociais. A crise de Berlim e a Guerra da Coreia seriam episódios reais, vividos como ameaças concretas e iminentes, polarizando as atenções.

Por todas essas razões, argumentavam as autoridades, era preciso aperfeiçoar cada vez mais a vigilância. Para evitar uma nova surpresa, como em 1941, não se podia subestimar o inimigo, o visível e o camuflado, ainda mais perigoso.

Daí por que se manteve o *terror*, com suas duas faces – *repressão* e *mobilização* – que se haviam mostrado tão eficazes antes e durante a guerra. Dois ministérios passariam a cuidar do assunto, o do Interior (MVD) e o da Segurança do Estado

(MGB). É possível acompanhar suas atividades pelas estatísticas da Administração Principal dos Campos, o *Gulag*.

No primeiro ano de sua criação, em 1934, registraram--se 550 mil presos. Até 1938-1939, a média anual alcançou 1,8 milhão de prisioneiros. Desde então, ligeiro declínio até 1940, com 1,6 milhão e até 1946 (1,1 milhão). Ora, a partir de 1946, a curva dos detidos volta a adotar um sentido ascendente, chegando a atingir em 1949-1950 um novo auge, com 2,4 milhões de presos. Em 1º de janeiro de 1953, pouco antes da morte de Stalin, estavam registrados 2.753.356 colonos do trabalho ou colonos especiais (*trudposelki* ou *spetzposelki*), sem contar os presos nos campos de trabalho propriamente ditos, os ITL (*ispravitelno-trudovoi lager*), e os que estavam nas colônias de trabalho, os ITK (*ispravitelno-trudovoia koloniia*), estimados em cerca de 2 a 2,5 milhões de pessoas.

Nenhuma administração do Estado, nenhum campo da sociedade podia se sentir seguro ou ao abrigo. O próprio Partido voltaria a ser objeto da polícia política. Desde figuras de proa, como N. A. Voznessensky, ministro do Plano e um dos principais organizadores do esforço de guerra, morto em condições obscuras, ou como A. Kuznetsov, secretário do Comitê Central, também desaparecido em processo sumário, até secretários provinciais, de distrito e de célula, em círculos concêntricos, perdendo postos e, eventualmente, a própria vida, em meio a campanhas de controles e de denúncias que mantinham a sociedade em permanente *mobilização*.

Ao mesmo tempo, sensíveis aos traumas provocados pelas devastações da guerra e pelas aspirações à paz, o Estado soviético e o Partido Comunista organizavam na URSS e em todo o mundo, por meio do movimento comunista internacional, grandes campanhas pela paz e contra as guerras, evidenciando a face positiva de um regime que sabia se defender, mas não resumia suas atividades à caça aos *inimigos do povo*.

Tudo isso contribuía para viabilizar o vasto processo da reconstrução da União Soviética. Nesse sentido, o governo tensionaria as energias, mobilizaria o orgulho pela vitória conseguida e o entusiasmo de todos, particularmente o dos jovens, na luta pelo cumprimento das metas, por sua superação, nas campanhas de *emulação socialista*, entre fábricas, cidades e regiões, em todo o país, com distribuição de prêmios simbólicos e materiais. Os desfiles grandiosos comemorativos de datas patrióticas e revolucionárias seriam igualmente momentos importantes em que se congraçariam povo e governo, coesionando a sociedade em busca dos objetivos definidos pelos Planos.

O culto à personalidade de Stalin coroava, com uma intensidade cada vez maior, o movimento de unificação da sociedade. Em 1949, o septuagésimo aniversário do *pai do mundo do trabalho*, do *corifeu das ciências*, ensejou uma inédita ciranda de comemorações e festas. Em 1952, quando se reuniu o XIX Congresso do Partido Comunista, o grande chefe mal falou. Não precisava. Transformara-se numa espécie de semideus, como se estivesse destinado à eternidade.

Quando morreu, em março de 1953, choraram os comunistas em todo o mundo e particularmente na União Soviética. As multidões que se reuniram para dar o último adeus ao líder testemunharam com sua tristeza e desespero o quanto havia ainda de confiança e de esperança no sistema socialista e no regime soviético que ele pessoalmente encarnara de forma tão emblemática.

5. O SOCIALISMO REALMENTE EXISTENTE:
O DESAFIO DAS REFORMAS

Após a morte de Stalin, em 1953, e até a *perestroika*, iniciada em 1985, a trajetória da União Soviética pode ser compreendida em dois períodos distintos: um *tempo de reformas*, encarnado pela figura inusitada de N. Kruchov, até 1964, quando um golpe de Estado o derrubou; e um *tempo de equilíbrios instáveis*, caracterizado pela manutenção de taxas relativamente altas de desenvolvimento e por um expansionismo político-militar sem precedentes, no entanto, e ao mesmo tempo, por certos elementos de crise, que as análises mais argutas não deixariam de apontar.

A UNIÃO SOVIÉTICA EM
TEMPO DE REFORMAS (1953-1964)

Não poucos formulavam estimativas pessimistas, às vezes catastróficas, a respeito da União Soviética depois da morte de Stalin. O homem, apesar de concentrar um poder imenso, ou por causa disso mesmo, não estabelecera regras claras para a própria sucessão. Os discípulos e herdeiros seriam capazes de defini-las, superando com êxito as forças centrífugas que sempre tendem a se evidenciar quando grandes tiranos saem de cena?

As primeiras medidas, algumas surpreendentes, tenderam a esvaziar um clima de medo e de suspicácia que se adensava desde o início de 1953. Com efeito, o chamado complô das *jaquetas brancas*, que reuniria médicos do Comitê Central envolvidos em conspirações para assassinar dirigentes soviéticos, e cuja denúncia já desencadeara amplos movimentos sociais, revivendo a sinistra atmosfera dos processos de Moscou, foi desmascarado como uma *farsa*. A tortura e outros métodos ilegais haviam sido empregados para arrancar confissões destituídas de qualquer fundamento de verdade.

Na sequência, vários dirigentes importantes foram afastados, inclusive L. Beria, o todo-poderoso chefe da Segurança, preso, condenado e executado (dezembro, 1953). Havia contradições no processo, pois, contra os condenados, recorria-se aos mesmos métodos (confissões, julgamentos e condenações sumárias etc.) que estavam sendo criticados. Várias medidas, no entanto, apontavam para novas direções: supressão dos tribunais sumários; dissolução do secretariado pessoal de Stalin, que se tornara uma verdadeira central de *arbitrariedades*; rebaixamento de nível da instituição central da segurança, de ministério (MGB), para comitê (KGB), colocando a polícia política, em todos os níveis, numa posição subordinada em relação aos comitês do Partido Comunista; reabilitação de dirigentes expurgados e desaparecidos nos processos realizados em 1948-1950, entre os quais N. Voznessenski e A. Kuznetsov. Para culminar, a decretação de uma anistia para todos os condenados a menos de cinco anos de prisão, abrangendo a grande maioria dos presos confinados nas *zonas especiais* e nas colônias de trabalho (ITK), e a redução pela metade das penas maiores, beneficiando o conjunto dos *zeks* detidos nos campos de trabalho (ITL).

Todas essas decisões vinham envolvidas num novo discurso que celebrava as virtudes da *direção coletiva* e da *legalidade socialista*. Uma reviravolta evidente em relação aos tempos de Stalin, marcados pela autoridade pessoal do líder máximo e pelo *estado de exceção*.

A distensão, no entanto, não se limitava à esfera política. Anunciavam-se medidas de impacto social e econômico: redução de preços para produtos de consumo corrente, aumentos salariais, suspensão de empréstimos compulsórios, perdão de dívidas, melhorias no abastecimento de gêneros básicos, nos transportes públicos, nos serviços de ampla demanda social e na construção de habitações populares.

Do ponto de vista da agricultura, bem conhecido *gargalo* da economia soviética, Kruchov, nomeado primeiro-secretário (o título de secretário-geral, associado a Stalin, caíra em desuso), reconhecia em público as contradições do sistema produzido pela coletivização forçada: custos altos, preços baixos pelos produtos, falta de estímulos, organismos de controle burocratizados. Era preciso estimular o camponês a plantar, ampliar as superfícies cultivadas, dotando a economia agrária de créditos e de moderna tecnologia.

Nem por isso a União Soviética iria descurar dos setores considerados estratégicos, tradicionalmente prioritários na concepção e na implementação dos Planos Quinquenais. Era preciso encontrar novos equilíbiros, sábias dosagens, relançando a economia em bases mais harmoniosas em que todos os interesses pudessem ser contemplados. A modernidade alternativa empreendida até então pela União Soviética tomaria agora outras direções?

No plano internacional, novas abordagens desenhavam-se igualmente. Gradualmente tomou corpo uma nova política, a da *coexistência pacífica*, uma tentativa de retomar orientações dos anos 20, legitimadas em formulações de Lenin.

Na Ásia, eram sintomáticos o apoio à suspensão de duas guerras (o armistício de Panmujon na Coreia, em 1953, e a Conferência de Genebra sobre a guerra do Vietnã, em 1954) e o início de conversações de paz nas quais a URSS desempenhava um papel ativo. Em 1955, a primeira visita a Moscou de um líder alemão-ocidental, Konrad Adeunaer, e o Tratado de Neutralização da Áustria indicavam novas atitudes em relação aos países capitalistas. Quanto ao mundo socialista, os novos dirigentes soviéticos pareciam dispostos a afrouxar controles e a reconher a existência de diferenças. A reconciliação espetacular com a Iugoslávia de Tito e a maior abertura nas discussões com os comunistas europeus e chineses mostravam que algo mudava nas concepções sobre o *monolitismo* do mundo socialista. Enfim, a União Soviética parecia conferir importância e prestígio ao chamado Terceiro Mundo, que dava seus primeiros passos a partir da conferência de Bandung, em 1955. Acordos com a Argentina e a visita de N. Kruchov em pessoa à Índia atestavam a formulação de novas prioridades.

O novo curso espantava e supreendia, sobretudo a figura do novo primeiro-secretário, contrastando fortemente com o padrão típico dos dirigentes comunistas, sisudos e compenetrados nos escuros sobretudos. Kruchov, sempre sorridente e otimista, com seu linguajar popular e metafórico, em constantes viagens, sabia dialogar com as multidões e parecia gostar de tomar *banhos de massa*, como se fosse um experimentado político de uma democracia ocidental.

O mundo das artes e da cultura na União Soviética registrava e reverberava essas mutações, como se houvesse um *degelo*, título da novela de I. Ehrenburg, um premiado autor soviético, que emprestaria o nome a esse tempo de distensão e de expectativas positivas.

E então aconteceu o informe sobre os crimes de Stalin.

A DESESTALINIZAÇÃO: ALCANCE E LIMITES

O informe apresentado por Kruchov numa sessão extraordinária, secreta, do XX Congresso do Partido Comunista da União Soviética, em fevereiro de 1956, teve um impacto de um terremoto. O semideus virava demônio. Todos os êxitos, tudo o que fizera, conseguira e alcançara a União Soviética, acontecera *apesar* de Stalin e não graças à sua liderança. É difícil exagerar a importância do acontecimento, assim como pode ser difícil para muitos, à luz dos dias atuais, estimar com exatidão a força do mito e do culto à personalidade do tirano que, agora, desmoronava.

O fato é que, visto em perspectiva histórica, o discurso de Kruchov, para além do óbvio sucesso pessoal, exprimia uma viragem importante no processo de modernização soviética: a reconquista da preponderância política do Partido Comunista, traduzida na valorização do princípio da *direção coletiva*. Por sua vez, as críticas veementes às arbitrariedades cometidas pelo tirano e a correspondente valorização da *legalidade socialista* exprimiam a recusa da sociedade ao recurso do *terror* como método de controle e mobilização social, como se a União Soviética já estivesse se tornando complexa demais para ser dirigida de acordo com os padrões vigentes nos anos 30.

O informe evidenciava e denunciava exações e crimes cometidos, demolindo uma figura mítica. Eis seus pontos fortes, que o tornaram um documento histórico. Mas era muito seletivo nas denúncias das arbitrariedades perpetradas e, sobretudo, ajudava muito pouco a compreendê-las.

Na análise dos expurgos realizados no interior do Partido, certos limites eram cuidadosamente respeitados. Assim, a catilinária de Kruchov silenciava sobre todos os expurgos anteriores a 1934 e nada dizia dos grandes processos de Moscou, realizados entre 1936 e 1938. A rigor, as denúncias restringiam-se às exações cometidas contra os discípulos e herdeiros diretos do próprio Stalin. Numa outra dimensão, não havia nenhuma alusão ao *terror de massa* que se abatera sobre a sociedade a partir da revolução pelo alto, atingindo não apenas dezenas de milhares de comunistas, mas também, e principalmente, milhões e milhões de *mujiks*, trabalhadores urbanos e intelectuais.

Kruchov também não oferecia argumentos que permitissem explicar e compreender a ascensão de Stalin ao poder supremo, como este adquirira um caráter autocrático, a permanência do tirano por tão longos anos e, mais do que tudo, o caráter de *massa* que o terror assumira.

Apesar das insuficiências e das lacunas do informe, abriram-se novas margens de liberdade que ensejavam situações ambíguas: euforia entre os anistiados, atordoamento entre os que sinceramente admiravam e amavam o tirano, inquietação e medo entre os responsáveis ou beneficiários diretos dos atos arbitrários. Muitos aprovaram Kruchov, mas pensavam que fora longe demais. Foi por isso decidido que o informe não seria impresso na União Soviética, cujos cidadãos só puderam lê-lo na íntegra trinta anos mais tarde, embora, seis meses depois, o *segredo* já estivesse publicado nas páginas de toda a imprensa mundial.

O *degelo*, no entanto, foi mais forte do que a censura. Havia perguntas que não queriam e não poderiam ser caladas. Alguns intelectuais tomariam a vanguarda, tentando exprimir o mal-estar difuso de aspirações insatisfeitas e elaborar um pensamento crítico que fosse além do discurso oficial do Partido.

Entre muitos outros, o livro de V. Dudintsev (*Nem só de pão*), publicado em 1956, formulava a questão de que talvez não fosse o tirano o único responsável pelos problemas da sociedade soviética, talvez houvesse ali um problema maior, *estrutural*. O personagem-chave, Drozdov, encarnaria um mundo de *drozdovs*, burocratas insensíveis, vinculados a um sistema antidemocrático e impopular, em contraste com a sociedade vitimizada e oprimida.

Uma outra obra causaria igualmente um grande impacto: *Dr. Jivago*, de Boris Pasternak, ia ainda mais longe ao sugerir que o sistema criticado era produto da revolução e não de um *desvio* autoritário. O livro foi censurado, mas, contrabandeado, alcançou sucesso estrondoso na Europa e nos Estados Unidos, conferindo ao autor nada menos do que o Prêmio Nobel. Pasternak foi expulso da União dos Escritores, perdeu as regalias que tinha e foi para o ostracismo. O episódio tornou-se simbólico por uma dupla razão: evidenciou fronteiras que os intelectuais não podiam ultrapassar (*não* podiam questionar a revolução, *nem* publicar sem a autorização do Partido) e punições que não seriam retomadas: Pasternak morreria deprimido, anos mais tarde, mas não fuzilado...

As agitações na Europa central das democracias populares constituiriam contestações de outra natureza e viriam também abalar os novos rumos que Kruchov desejava imprimir. Já em 1953, logo após a morte de Stalin, houvera uma insurreição popular na parte oriental de Berlim, exigindo uma dura repressão que desgastara o prestígio soviético na região e no mundo. Em 1956, o descontentamento transbordou novamente em dois países da Europa central. Na Polônia, foi possível, à custa de muitas pressões e concessões, contornar os protestos, mas os métodos persuasórios não funcionaram na Hungria. Intelectuais, lideranças políticas e setores populares exigiam democracia, reformas sociais e independência nacional. O processo desembocou na explosão de uma insurreição popular de grandes proporções, esmagada, afinal, a ferro e fogo pelos tanques soviéticos.

O estrago só não foi maior para a União Soviética porque, na mesma conjuntura, uma força expedicionária anglo--francesa, em aliança com Israel, invadiu o Canal de Suez no Egito, tentando deter o nacionalismo radical de Gamal Abdel Nasser, um líder militar árabe que então se projetava. A União Soviética, que procurava sintonia com as aspirações do Terceiro Mundo emergente, deu apoio incondicional ao Egito agredido. Em conjunto com os EUA, obrigaram os anglo-franceses a se retirarem. No fogo cruzado da propaganda e da contrapropaganda, fora possível, de certa forma, *compensar* o desgaste da ação repressiva na Hungria com a ação *libertadora* no Egito.

Os riscos de derrapagem, entretanto, haviam sido percebidos, gerando inquietação na alta cúpula do Partido Comunista, onde surgiu uma conspiração para apear N. Kruchov do poder supremo. A tentativa de golpe realizou-se em julho de 1957. Numa reunião do mais alto centro de poder, o *Presidium* (novo nome do *Bureau* político), a maioria votou pelo afastamento do primeiro-secretário. Entretanto, em ágil contramanobra, com o auxílio do ministro da Defesa, Zhukov, reuniu-se o Comitê Central que, de forma inédita, desaprovou a decisão do *Presidium*, abortando o golpe e demitindo as lideranças da conspiração. Como Pasternak, elas também não seriam fuziladas, apenas recicladas em postos inexpressivos do aparelho de Estado, com direito a dignas aposentadorias...

O DEGELO NA SOCIEDADE E NO PARTIDO:
AVANÇOS E LIMITES DO REFORMISMO SOVIÉTICO

Com a perspectiva de vencer as oposições que se exprimiram na tentativa de golpe, o impulso reformista, desde 1958, ganharia um novo impulso.

Na agricultura, notório ponto fraco do sistema, houve uma ampliação enorme das superfícies cultivadas, com a exploração de terras virgens; um esforço considerável em modernizar a produção (fertilizantes e inseticidas, eletrificação, deslocamento de técnicos e agrônomos); reconcentração dos *kolkhozes*, passando de 125 mil para 69 mil unidades; afrouxamento dos controles sobre os pequenos produtores, permitindo-lhes maiores margens de manobras. Como gostava de dizer Kruchov, "o socialismo é muito bom, mas será melhor ainda com manteiga".

Na organização da economia, houve a aprovação de uma política descentralizante, com a criação de 105 Conselhos Regionais de Economia (*sovnarkhozes*), responsáveis pela coordenação de todas as atividades em suas respectivas áreas de jurisdição.

Os êxitos da política espacial (lançamento do primeiro *satélite artificial*, o *Sputinik*, do primeiro homem ao espaço, Iuri Gagarin), a partir de 1957, e da política externa, com a visita de Kruchov aos Estados Unidos (primeira de um dirigente máximo soviético), em 1959, pareciam indicar a consolidação de uma nova orientação para o processo soviético de modernização.

A partir de 1960, começaram, no entanto, a aparecer dissonâncias e sinais contraditórios.

No mundo socialista, comunistas italianos e chineses divergiam entre si e com os soviéticos. O policentrismo socialista saía dos trilhos, ensejando ataques mútuos e discórdias. O triunfo da revolução cubana e sua definição como revolução socialista desde 1961, de um lado, fortalecera o campo socialista, mas, de outro, aprofundara a cacofonia existente em seu interior.

A coexistência pacífica com os EUA e os países capitalistas avançados também não era aceita como positiva por todos: sucediam-se as crises no Oriente Médio (Líbano) e na África (Congo), registrando-se recuos nas pretensões soviéticas, acusada agora por setores radicais de *conciliadora*, incapaz de enfrentar com êxito as agressões *imperialistas*.

No plano interno, as reformas não funcionavam. A proposta de encontrar dosagens ótimas, suscetíveis de beneficiar todos os setores, encontrava dificuldades imprevistas. A agricultura, mais uma vez, apesar de todos os esforços, não respondia aos estímulos, obrigando a União Soviética a começar importações maciças para abastecer o mercado interno em contínua expansão. Os *sovnarkhozes*, criados para organizar melhor e aumentar a eficácia da economia, não cumpriam a contento suas funções. Por dificuldades próprias e, talvez, também por sabotagem das instituições centrais, que resistiam às medidas descentralizantes, estavam aprofundando a desorganização e a balbúrdia na área do planejamento e da coordenação das atividades econômicas.

Diante de tais contradições e impasses, o XXII Congresso do Partido, liderado por Kruchov, resolveu acelerar o impulso reformista, numa espécie de *fuga para a frente*.

O processo de desestalinização foi levado às últimas consequências: retirou-se o corpo de Stalin do mausoléu onde descansava ao lado de Lenin; rebatizou-se Stalingrado, símbolo maior da Grande Guerra Pátria, atribuindo-lhe o prosaico nome de Volgogrado; abriram-se novos dossiês à pesquisa histórica, profundamente comprometedores para o prestígio do tirano defunto.

Também por iniciativa de Kruchov, aprovou-se uma política inédita de democratização do Partido Comunista, estabelecendo-se o voto secreto para a eleição dos dirigentes, as candidaturas múltiplas e um limite para a reeleição: um choque desestabilizante para uma organização que, livre do terror, se imaginava garantida.

No plano da sociedade, sucediam-se denúncias e controvérsias sobre o legado de Stalin e sobre as características do sistema soviético. A obra de Soljenitsin (*Um dia na vida de Ivã Denissovitch*), denunciando um sistema concentracionário na União Soviética, encerrava uma época de *inocência* quando ainda era possível alegar ou fingir ignorância.

A resistência às reformas, porém, começou a ganhar corpo e força. Nos altos escalões, alguns as consideravam muito radicais e conseguiram aprovar medidas que reconcentravam o poder, como a redução dos *sovnarkhozes* e a recriação de ministérios e comitês estatais centrais. Além disso, as medidas democratizantes no interior do Partido simplesmente não eram aplicadas. O estilo de Kruchov, que parecia animado de um moto-contínuo, inquietava e assustava. Aonde levaria aquele voluntarismo?

Havia, no entanto, os que pensavam que era preciso avançar mais, e mais rápido: apareceu uma *dissidência* sob a forma de jornais e revistas que circulavam clandestinamente (*Sintaxis, Boomerang, Fenix, Spiral* etc.), feitos pelos próprios autores (*samizdat*), com críticas contundentes ao regime em vigor. Além disso, no início dos anos 60, registraram-se também movimentos sociais de protesto em várias cidades soviéticas: Grosny, Drasnodra, Donetsk, Yaroslava, Zhdanov, Gorki, Alexandrov, Muron, Ninney, Tangil, Odessa, Kuybichev, Timerdam. O mais importante ocorreu em Novotcherkassk, no começo de junho de 1962: comícios, manifestações e greves tiveram que, afinal, ser reprimidos à bala pela polícia política e pelo exército, gerando dezenas de mortes. Quando essas tensões conjugaram-se com fracassos espetaculares na política externa (explosão pública das divergências sino-soviéticas, entre 1960 e 1963, derrota humilhante por ocasião da crise dos foguetes em Cuba em outubro de 1962), criou-se um quadro propício a mudanças conservadoras.

Um novo golpe foi então tramado, dessa vez com sucesso. Acusado de inúmeros e graves erros de avaliação e conduta, agora pelos próprios discípulos e homens de confiança, inclusive de fomentar o próprio culto à personalidade, Kruchov foi apeado do poder pelo *Presidium* e pelo Comitê Central do Partido Comunista. Restou para ele o caminho da aposentadoria vigiada. Como para outros, um sinal dos novos tempos, que ele próprio, mais do que ninguém, ajudara a criar.

Os tempos de equilíbrio instável:
as batalhas historiográficas

Entre 1964, quando Kruchov foi destituído, até 1985, data do início da *perestroika*, transcorreu um período que, até hoje, é objeto de vivas controvérsias.

No discurso oficial foi o tempo do *socialismo desenvolvido*. A União Soviética parecia, a seus dirigentes, ter alcançado o máximo de sua glória, superpotência mundial respeitada em todo o mundo, garantindo a seus cidadãos sempre melhores condições de vida e de trabalho. Uma nova Constituição, aprovada em 1977, celebrava e consagrava juridicamente esse patamar.

Os EUA e os países capitalistas avançados, em grande medida, reconheciam e se assustavam com os avanços obtidos pela URSS. Desde meados dos anos 70, cresciam tendências conservadoras que, escorando-se no conceito de *totalitarismo*, comparando comunismo e nazismo, defendiam políticas abertamente agressivas contra a União Soviética, considerada um *império do mal*. A Inglaterra de Margareth Thatcher e os EUA de Ronald Reagan exprimiam os medos e as angústias de sociedades que se sentiam ameaçadas.

Os comunistas chineses consideravam a URSS o inimigo mais perigoso, um império *em expansão*. Os EUA, sobretudo depois da derrota definitiva no Vietnã, em 1975, eram percebidos como um *império decadente*. Entre os socialistas e comunistas, muitos continuavam questionando o caráter socialista da União Soviética, mas outros, embora críticos, já se resignavam a tomá-la como um dado incontornável da realidade contemporânea e inevitável a longo prazo: o *socialismo realmente existente*.

Na África, na Ásia e na América Latina, a URSS era vista como um contrapeso importante, às vezes, decisivo, aos intuitos dominadores dos EUA e das ex-metrópoles coloniais europeias. Não poucos governos, muitos provenientes de golpes de Estado, aproximavam-se do Estado soviético à procura de alianças políticas e diplomáticas, de apoio econômico e de auxílio militar.

No entanto, depois da emergência da *perestroika*, Mikhail Gorbatchov, talvez para legitimar suas políticas reformistas, denominaria o período como um tempo de *estagnação*, quando a União Soviética teria acumulado contradições e impasses, e perdido pontos decisivos na competição científico-tecnológica com o Ocidente capitalista e, em particular, com os EUA.

Diante dessas divergências, seria possível alcançar uma visão clara dos acontecimentos ou elaborar uma síntese entre pontos de vista tão diferenciados?

A União Soviética entre
desenvolvimento e estagnação

O período, a rigor, foi marcado por ambiguidades. Em muitos campos houve desenvolvimento e expansão. Contudo, em certos aspectos estratégicos, é indelével a marca da estagnação, ou mesmo, em alguns setores, do retrocesso.

Foi inegável a expansão político-militar do Estado soviético, e impressiona a relação de vitórias e avanços no chamado Terceiro Mundo, sobretudo na segunda metade dos anos 70: no Vietnã, no Laos e nas principais ex-colônias portuguesas (Angola e Moçambique), partidos comunistas ou frentes de libertação hegemonizadas por comunistas próximos ou aliados de Moscou chegavam ao poder com armas – soviéticas – na mão. Na África, na Ásia e na América Latina, uma nova onda de Estados e movimentos nacional-estatistas alimentava críticas radicais ao liberalismo ocidental e se aproximava do Estado soviético ou da China comunista. Em muitos países (Etiópia, Somália, Congo-Brazzaville, Benin, Yemen), estabeleciam-se regimes ditatoriais de partido único. Diziam-se *socialistas* e procuravam aliança com os soviéticos. Até o regime cubano, que parecia destinado a uma rebeldia incurável, depois da morte de Che Guevara, tinha evoluído gradativamente para posições consideradas mais sensatas, tornando-se membro disciplinado das organizações militares e econômicas regidas pela URSS. Como se não bastasse, no final dos anos 70, no chamado *quintal* dos EUA, as guerrilhas sandinistas assumiram o poder na Nicarágua (1979) e pensava-se que algo semelhante pudesse ocorrer em El Salvador. Também em 1979, na Ásia, um golpe de Estado aproximou o regime instalado em Cabul de Moscou. Solicitado, o Estado soviético não hesitou em correr em auxílio de uma *república popular* ameaçada, e invadiu o Afeganistão.

O mundo encolhia-se ante o *império* soviético, cuja Marinha de Guerra marcava presença em mares nunca dantes navegados, como o Mediterrâneo oriental, o Mar Vermelho, o Atlântico, o Índico etc.

Na Europa, a invasão da Checoslováquia, em 1968, e a consequente doutrina Brejnev da *soberania limitada*, interditando mudanças de regime na área da Europa central, pareciam ter amarrado definitivamente as *democracias populares* na órbita de Moscou. O episódio mereceu apenas protestos formais das principais potências capitalistas e, de fato, não perturbou as relações com os Estados europeus, particularmente com a França e a Alemanha, que se tornaram parceiros econômicos importantes da União Soviética. Na verdade, numa perspectiva mais ampla e no contexto da guerra fria, o domínio da URSS na Europa central e as sucessivas intervenções e invasões eram percebidos como "contrapartidas" às ingerências, intervenções e verdadeiras invasões, diretas ou indiretas, que os EUA e seus principais aliados promoviam ou patrocinavam em seus "quintais", sobretudo na América Latina e na África.

O reconhecimento internacional da República Democrática Alemã (RDA) e o acordo final da Conferência sobre a Segurança e a Cooperação na Europa (CSCE), em Helsinqui, consagram as fronteiras negociadas em Ialta, uma antiga reivindicação da diplomacia soviética.

A consequência disso tudo era a afirmação do Estado soviético nas relações internacionais, o que se traduzia por encontros diplomáticos regulares no mais alto nível e por tratados e acordos firmados com os EUA nos mais diferentes campos. Falava-se na montagem de um ambicioso condomínio internacional entre os EUA e a URSS para dominar o mundo, repartido entre esferas de influência pelas superpotências.

Do ponto de vista interno à URSS, a análise das suas estruturas sociais revela *mutações* consideráveis. Em menos de meio século, a população urbana havia dado um salto de 59 milhões para 180 milhões de pessoas. Em termos proporcionais, no início dos anos 80, cerca de 66% da população total vivia nas cidades, um crescimento de dezessete pontos percentuais em vinte anos. Nos anos 80, a URSS tinha 23 cidades com mais de um milhão de habitantes (nos anos 30, eram apenas três), concentrando mais de 25% da população, registrando um afluxo de 35 milhões de migrantes.

A mão de obra sofisticara-se numa escala vertiginosa. Nos anos 50, 69% dos dirigentes de fábrica e 33% dos engenheiros-chefes eram formados na prática (os *praktiki*). A grande maioria não ia além do diploma do curso secundário. Uma geração mais tarde, nos anos 80, 40% da população urbana economicamente ativa tinha diplomas de segundo grau (cerca de dezoito milhões) ou universitários (13,5 milhões).

Nessa sociedade crescentemente urbanizada, multiplicavam-se as redes de sociabilidade, cada vez mais insuscetíveis de controle centralizado, pelo alto. Os sovietes locais mobilizavam 2,27 milhões de deputados. Havia 250 mil comitês de controle popular. O próprio Partido, com quinhentos mil novos recrutas por ano, alcançara a soma de dezessete milhões de filiados. Detinham poderes muito limitados, sem dúvida, mas constituíam polos de atividades geradoras de interesses específicos.

Nas próprias instituições oficiais, constituiam-se estruturas clientelísticas, legais, paralegais ou francamente ilegais (as chamadas *máfias*), afirmando autonomias perante um Estado cuja onipotência só existia no discurso oficial e nas teorias do totalitarismo.

Uma sociedade complexa, produto do salto para a frente dos anos 30 e da reconstrução do pós-guerra, cada vez mais diferenciada, sensível à crítica e à rebeldia aos padrões centralistas e autoritários da economia *mobilizada*. De nada adiantava medir e quantificar os inegáveis progressos realizados desde a revolução de 1917 e os mais recentes, desde os anos 50. Os cidadãos soviéticos, cada vez mais, comparavam-se com os europeus ocidentais e os norte-americanos. Não se sentiam consolados por haver distanciado a Índia e outras nações do Terceiro Mundo. Pensavam estar em condições de desejar e queriam alcançar padrões de consumo equivalentes aos das sociedades capitalistas avançadas.

No alto, na cúpula, estabilizada e segura depois da queda de Kruchov, um gradativo esclerosamento. No começo dos anos

80, a média de idade do Comitê Central atingira sessenta anos, e a do *Bureaux* político, que recuperara o antigo nome, 71, dez a mais do que no início dos anos 70.

Embaixo, a sociedade movimentava-se, tateando à procura de novos caminhos. As nações não russas, sobretudo as do extremo-ocidente, mas também as do Cáucaso e da Ásia central, reclamavam graus de autonomia considerados excessivos. Ao contrário dos mais velhos, que tendiam a valorizar as aquisições do socialismo soviético e a relativizar as dificuldades e os problemas, por constatarem que se inseriam num contexto de melhorias graduais, a juventude não ouvia as conclamações padronizadas do Partido, parecendo seduzida pelos valores *decadentes* do Ocidente, sua música, maneiras de vestir e de ser. Mesmo entre os trabalhadores, a KGB registrava movimentos de protesto e tentativas de formação de sindicatos livres do controle estatal. Exprimindo o descontentamento, fortaleciam-se as *dissidências*, jornais e revistas, grupos de mulheres e homens dispostos a tudo, a qualquer sacrifício, na luta pelas liberdades, contra a tutela e a opressão do Estado todo-poderoso. Uma antiga tradição, remontando à *intelligentsia* russa do século XIX, revivida agora nos embates contra o Estado soviético.

Desafios e sinais de crise

Entre 1965 e 1970, ainda foi possível registrar um crescimento industrial médio de 8,4%. Mesmo descontadas as distorções e falsificações, um resultado apreciável. Contudo, entre 1981 e 1985, a média caíra para 3,5%. Os resultados não correspondiam mais às metas anunciadas. No X Plano Quinquenal, entre 1981 e 1985, somente a produção de gás natural conseguiu superar as estimativas. A agricultura, apesar dos maciços investimentos, continuava a se arrastar, não alcançando, para o mesmo período, médias anuais superiores a 1,4%, bem abaixo dos índices de crescimento demográfico. Problemas de todo tipo continuavam sem solução: armazenamento, transportes, organização da produção. Se não fosse o petróleo siberiano, que fizera da URSS um dos maiores exportadores mundiais do *ouro negro*, viabilizando importações colossais de cereais (cem bilhões de rublos entre 1976 e 1980), a população soviética urbanizada teria que voltar ao racionamento.

Em vinte anos, a produtividade caíra de 6,3% para menos de 3% ao ano, e os investimentos, de 7,8% para 1,8%. Aumentavam os estoques de produtos invendáveis e a poupança forçada dos consumidores. A inflação camuflada dos preços oficiais (aumento de apenas 7% da cesta básica de consumo em trinta anos) não correspondia aos preços praticados nos mercados livres (elevação de cerca de 100% no mesmo período).

Enquanto o capitalismo dava saltos de produtividade no quadro de uma nova revolução científico-tecnológica, a União Soviética se deixava distanciar em quase todos os setores tecnológicos de ponta. Apesar de algumas experiências piloto bem-sucedidas e de uma política de reforma da gestão das empresas formulada desde 1965 (E. Lieberman), as forças mais conservadoras na economia e nas instituições políticas pareciam levar a melhor, resistindo a mudanças mais substantivas.

Como enfrentar aquelas contradições e aqueles impasses?

Quando Brejnev morreu, em 1982, devastado pela senilidade, já era uma sombra do que fora em seus melhores dias. Os sucessores, I. Andropov e N. Tchernenko, em seus curtos períodos, não mais do que um ano, cada um, pareciam mais esperar a morte do que governar.

O desenvolvimento soviético chegara mesmo a um impasse? Na equação entre expansão e estagnação, tenderia a prevalecer o segundo termo? O fato é que a União Soviética, na sua condição de superpotência, não podia esperar muito...

6. A *PERESTROIKA* E A DESAGREGAÇÃO DA UNIÃO SOVIÉTICA

Entre 1985 e 1991, a União Soviética, tentando enfrentar desafios internos e externos que se acumulavam, passou por um período de profundas turbulências: a *perestroika* e a *glasnost*. A sociedade e o Partido, num contexto de amplas liberdades, cedo dividiram-se entre *reformistas* e *conservadores*. O sistema não podia continuar como estava, todos concordavam, mas foi difícil definir e trilhar caminhos que levassem à superação dos problemas. Diante dos impasses, num jogo político cerrado e exacerbado por tensões crescentes, a segunda superpotência mundial desintegrou-se.

A *PERESTROIKA* E A *GLASNOST*

Foi muito rápida a sucessão de K. Tchernenko, como se o Comitê Central do Partido Comunista já tivesse amadurecido a opção pelo novo secretário-geral, Mikhail S. Gorbatchov, escolhido em 11 de março de 1985.

Em larga medida, Gorbatchov exprimia as pressões diversificadas por mudanças. De um lado, as mutações sociais verificadas nos últimos trinta anos, que se acomodavam mal às tradições centralistas e autoritárias do Estado soviético. De outro, os desafios impostos pela competição internacional que, no bojo de uma nova revolução científico-tecnológica, transformava profundamente a paisagem econômico-social dos países capitalistas avançados, registrando o aparecimento de novos setores (informática, biotecnologia, novos materiais etc.), novas fronteiras econômicas, de sofisticada tecnologia e alta produtividade. A União Soviética poderia perder a condição de superpotência se não respondesse à altura, adequando a sociedade e a economia aos novos parâmetros. O desafio, que poucos na

URSS então consideraram, era saber até que ponto uma sociedade comprometida com valores próprios, como o pleno emprego, poderia assumir dinâmicas e feições características de um regime de tipo capitalista, essencialmente diverso.

Muito rapidamente, Gorbatchov impôs-se na cena internacional. O bom humor, o charme, a disposição para o diálogo e, acima de tudo, as propostas concretas conciliatórias no âmbito das relações internacionais: moratória unilateral dos testes nucleares, redução imediata de 50% dos armamentos estratégicos e dos mísseis de alcance médio, liquidação, até o ano 2000, de todas as armas nucleares, diminuições igualmente radicais dos armamentos e das tropas convencionais.

A mesma lógica que animara propostas semelhantes formuladas em seu tempo por Kruchov. Os gastos militares gravavam enormemente o orçamento soviético. A URSS, com uma economia bem menor do que a dos EUA, tinha de competir de igual para igual na área militar, o que dificultava ou impedia que recursos consideráveis disponíveis – humanos e materiais – fossem canalizados para outras direções e sobretudo para o atendimento das demandas da sociedade em serviços públicos de qualidade e em bens de consumo sofisticados (automóveis, eletrodomésticos etc.). O complexo militar soviético, além disso, erigira-se num verdadeiro Estado dentro do Estado, com sistemas próprios de fornecimento e abastecimento, quadros específicos de carreira, como se fosse um circuito fechado sobre si mesmo, com escassas conexões com a sociedade envolvente.

Numa outra dimensão, a simpatia da opinião pública internacional rendia dividendos internos, legitimando aos olhos da sociedade soviética a liderança do novo secretário-geral. No entanto, em relação a reformas concretas, parecia haver uma certa hesitação. Ao contrário da ousadia evidenciada no jogo diplomático internacional, o governo soviético limitava-se a retomar campanhas *ideológicas* típicas dos períodos anteriores, com apelos à honestidade, à assiduidade, à disciplina, aos cuidados necessários com os bens públicos etc. Era preciso acelerar (*uskorienie*) os ritmos e superar o tempo da estagnação (*zastoi*), como passaram a ser (des)qualificadas as décadas anteriores. Ganhou na época grande expressão uma campanha já lançada pelo falecido I. Andropov contra o alcoolismo e, especialmente, contra o consumo imoderado da vodca, responsável por enormes gastos em saúde, além de prejuízos de toda ordem – morais e econômicos – para o conjunto da sociedade.

Embora pudessem ter alguma repercussão e eficácia, as campanhas ideológicas tendiam a frustrar as expectativas, pois o enfrentamento de desafios históricos exigia algo bem mais profundo e consistente. Assim, desde outubro de 1985, apareceu uma perspectiva mais ambiciosa, traduzida numa outra palavra russa, a *perestroika* (reestruturação). Não se tratava mais de *acelerar* simplesmente os ritmos de um sistema, mas de reformá-lo em profundidade, *reestruturá-lo*.

Um livro de autoria do próprio Gorbatchov, com a palavra no título, virou um *best-seller* na União Soviética e em todo o mundo. Em linguagem simples e clara, didática, formulava uma análise sem concessões do socialismo soviético e de seus impasses. O país modernizara-se e se transformara numa superpotência, é verdade, mas havia problemas estruturais que se acumulavam: desperdícios colossais, excessivo centralismo, critérios de avaliação exclusivamente quantitativistas, privilégios inconcebíveis, negligência e mesmo desrespeito em relação às demandas sociais, doses elevadas de arbítrio e consequente fragilidade do Estado de direito. A dureza e a precisão do diagnóstico não eram acompanhadas, no entanto, por uma clareza equivalente de soluções e de alternativas. O autor limitava-se a propor uma sociedade ideal: produtiva, pacífica, justa, livre e democrática. Era preciso, argumentava, reconquistar a *alma* dos soviéticos para o socialismo que devia recuperar o charme e mobilizar as pessoas pela sedução do convencimento e não pela força dos tanques.

Para além desses nobres propósitos, porém, o texto não apontava propostas de políticas concretas, legislações específicas, capazes de desatar os nós e de superar os estrangulamentos e os problemas denunciados.

No Partido perfilavam-se já correntes e lideranças *reformistas*, mais preocupadas com as mudanças consideradas necessárias, e *conservadoras*, apegadas à situação existente, temerosas de que reformas mal elaboradas pudessem conduzir à desorganização e ao retrocesso. No entanto, os debates ocorriam num nível alto de abstração, desenhando-se um consenso enganoso.

Quando se realizou o XXVII Congresso do Partido Comunista, realizado em fevereiro-março de 1986, quase trinta anos depois do início da *desestalinização*, causou grande repercussão o discurso de Gorbatchov, propondo mudanças radicais na economia, nas instituições políticas e na política externa. Anunciou-se então a *glasnost* (transparência), uma outra palavra russa que correria mundo. Evidenciava a perspectiva de submeter a administração pública ao controle da sociedade, o que suscitou expectativas de democratização do Estado. Entretanto, foi sintomático, apesar de todos os debates, que não tenham sido definidas propostas políticas claras no sentido de reformas práticas baseadas nos princípios com os quais, pelo menos aparentemente, todos diziam concordar.

Ampliavam-se, contudo, as margens de liberdade na sociedade. Nos jornais, revistas e televisões, acendiam-se as controvérsias em torno do que muitos viam como as mazelas do regime existente. Gorbatchov, retomando o estilo de Kruchov, corria o país, ouvindo reivindicações, discursando, mobilizando e agitando as consciências e as vontades.

Foi então que, em 26 de abril de 1986, ocorreu a explosão do reator nuclear de Chernobyl, na Ucrânia. Uma exposição de feridas, um trauma. Ao contrário da tradição de tentar tudo esconder, e manter em segredo, sobretudo os problemas, o governo, depois de uma certa hesitação e de denúncias provindas da Suécia, deu ampla publicidade ao assunto, notificando as agências e a opinião pública internacionais. Nada a esconder, ao contrário, dar a público, reforçando-se a orientação favorável à *glasnost*. Chernobyl, denunciava Gorbatchov, procurando extrair vantagens políticas do episódio, era a própria síntese da modernidade problemática e inacabada da União Soviética. Para evitar a possibilidade de tragédias semelhantes no futuro, era preciso avançar com a *perestroika*.

Mas em que direções exatamente? Como se traduziriam na prática os altos propósitos da *perestroika*?

O governo fizera aprovar as primeiras leis que anunciavam caminhos. Em novembro de 1986, o trabalho individual privado, já existente no mercado informal, foi reconhecido e regulamentado. Seis meses depois, aprovou-se um novo estatuto autorizando a existência de cooperativas autônomas. Entre outros objetivos, tinha a perspectiva de conferir dinamismo aos *kolkhozes*, sempre muito dependentes e controlados pelo Estado. Um pouco mais tarde, em junho de 1987, para entrar em vigor a partir de 1º de janeiro de 1988, uma nova lei consagrava juridicamente a autonomia das empresas. Visava substituir os métodos administrativos tradicionais por critérios econômicos. As empresas ganhavam maiores margens de liberdade para escolher fornecedores e clientes, fixar preços para os produtos e remuneração para os trabalhadores. Os planos centrais tenderiam, gradativamente, a adquirir um caráter apenas indicativo.

As novas leis retomavam na prática princípios e referências das reformas econômicas sugeridas desde os anos 60, tentando combinar os critérios e as vantagens da economia de planejamento e da economia de mercado, segundo os termos defendidos desde o início da *perestroika* por A. Iakvolev, um dos principais assessores de Gorbatchov.

Para que fossem realmente aplicadas e ganhassem eficácia, era, entretanto, necessário complementá-las com outras medidas e políticas: uma profunda reforma bancária e financeira, agilizando e viabilizando o crédito, uma reforma geral dos preços e dos subsídios tradicionais, uma lei geral de falências, em que se previsse o destino de empresas que não conseguissem obter lucros (25% dos casos, segundo as próprias autoridades), uma proposta de formação e de reatualização do pessoal das empresas que, eventualmente, tivessem de fechar etc. Ora, como nada disso foi feito, as leis aprovadas tenderam a ficar no papel, símbolos de uma vontade ainda não muito amadurecida...

A *perestroika* parecia entravada. No entanto, num contexto cada vez mais livre de restrições e censura, fluíam críticas e reivindicações.

O MODELO SOVIÉTICO SOB O FOGO DA CRÍTICA: REFORMISTAS *VERSUS* CONSERVADORES

A modernização soviética começou a ser questionada do ponto de vista ecológico. Algumas experiências exemplarmente negativas tornaram-se conhecidas para o grande público: o ressecamento do Mar Aral, a poluição extrema do Lago Lagoda, uma das maiores reservas europeias de água doce. Outros grandes projetos eram reavaliados e criticados, como o do redirecionamento de rios siberianos, sem uma estimativa criteriosa do impacto ambiental consequente. O desenvolvimento soviético tinha uma dinâmica predatória porque baseada em critérios *produtivistas*. Era preciso formular novas concepções que respeitassem a natureza e os interesses das gerações futuras.

Problemas de outra natureza, aparentemente superados, mas apenas censurados, ou ocultados pela propaganda *positiva*, apareciam agora à luz do dia: deficiências dos sistemas de educação e de saúde, questões relativas à prostituição e ao consumo de drogas pesadas, tradições *machistas* persistentes, obrigando as mulheres a cumprir a chamada *dupla jornada de trabalho*, profissional e doméstica.

Os privilégios de todo tipo das autoridades administrativas e políticas eram contrastados com a dureza das condições de vida e de trabalho dos cidadãos comuns. Boris Ieltsin, nomeado por Gorbatchov para dirigir o Partido Comunista em Moscou, em fins de 1985, adquiriu súbita notoriedade e ampla simpatia popular por denunciar a prevaricação e os abusos dos *burocratas*, homens de poder e de prestígio, dispondo de lojas especiais, colônias de férias, transporte particular, informações privilegiadas, direito de viajar ao estrangeiro. Uma verdadeira *casta* que precisava ser controlada e apontada à execração pública.

Sucediam-se escândalos de corrupção, alguns de ampla repercussão, como o ocorrido no Usbequistão, envolvendo o genro de Brejnev, Y. Tchurbanov, acusado de ter desviado, no contrabando de algodão, cerca de U$ 1 bilhão, em cumplicidade com C. Rachidov, ex-dirigente daquela república soviética asiática, já falecido. O caso tornou-se emblemático, envolvendo milhares de pessoas. A chamada *máfia* do Usbequistão, a rigor, não era um caso isolado. Processos similares foram detectados na Moldávia, no Casaquistão. Disseminavam-se por todo o Estado soviético, ramificando-se a partir de Moscou. Na cúpula do poder, não existira durante décadas a chamada *máfia* de Dniepropetrovski, encabeçada por Brejnev em pessoa?

Estruturas paralelas, clientelísticas, grassavam nos interstícios institucionais, nas fronteiras entre o legal e o ilegal, driblando as diretrizes e as convenções centralistas, aparentemente respeitadas, mas demasiadamente rígidas para serem eficazes. Na verdade, embora informais, ou talvez por causa disso mesmo, eram fatores muitas vezes essenciais à realização das metas planejadas, *faziam as coisas funcionarem*, ao arrepio ou mesmo contra as leis existentes. Nas empresas, no aparelho do Estado, nas instituições de todo tipo, formava-se uma contrassociedade, organizando-se em círculos concêntricos. Não havia cidadão soviético que pudesse (sobre)viver sem o recurso aos expedientes dessas *redes informais* que, de algum modo, burlavam as normas e a legislação. Com o passar do tempo, considerando-se as oportunidades abertas, muitas se transformariam em estruturas permanentes, hierarquizadas, praticando o crime organizado, *máfias* propriamente ditas.

O debate das denúncias revigorava a sociedade, revitalizava os meios de comunicação. Os questionamentos e as críticas, recalcados e censurados, apareciam muitas vezes com uma virulância insuspeitada, propondo revisões desesperadoras do passado soviético. Nada se salvava daquele incêndio. Alguns não hesitavam em dizer que, desde a revolução em 1917, a União Soviética estava num desvio de rota, não podia senão desembocar num fracasso histórico colossal. Era preciso, portanto, aprofundar e acelerar as reformas, enfraquecer ou destruir os núcleos conservadores, contrários às mudanças, como gostava de dizer Boris Ieltsin, o dinâmico chefe do Partido em Moscou.

Nem todos, entretanto, concordavam com essas apreciações, consideradas *negativistas*. Eram muitos os que defendiam as tradições soviéticas. Articulavam-se nas instituições políticas, nos ministérios centrais, nas altas instâncias do Partido Comunista, contando com, e estimulando, os reflexos conservadores largamente disseminados na sociedade. De fato, a insatisfação era palpável, mas mudar como, com que ritmos e em que direção? O chefe aparente da corrente conservadora, extremamente heterogênea, era E. Ligatchev, que se encontrava no centro do poder, responsável pela ideologia, considerado número dois do Partido, logo abaixo do próprio Gorbatchov.

Em meados de 1987, os conservadores pareciam estar ganhando posições importantes. Em outubro, duramente criticado por um reformismo *excessivo*, Boris Ieltsin perdeu os postos que detinha na administração do Partido e do Estado. Pouco depois, por ocasião dos setenta anos da revolução soviética, Gorbatchov permitiu-se um elogio a Stalin, antes já duramente criticado, agora louvado por sua capacidade em manter a unidade do Partido e da sociedade. O que parecia uma escalada dos conservadores culminou, em 13 de março de 1988, com a publicação, pelo jornal *Sovietskaia Rossia*, de um artigo contendo críticas contundentes à *perestroika* e aos partidários das reformas. Ninguém poderia discutir a sinceridade das convicções da autora, uma professora de Leningrado, Nina Andreeva, mas era claro que ela exprimia e se apoiava em altos escalões do poder.

A sociedade e a opinião pública internacional ficaram perplexas, na expectativa, iria encerrar-se a experiência da *perestroika* e da *glasnost*?

Glasnost e democratização do Estado

Foi preciso esperar um pouco mais de três semanas para que o *Pravda*, órgão oficial do Partido, publicasse uma nota crítica ao destempero da professora, reafirmando e defendendo os princípios da *perestroika* como uma *revolução no pensamento e na ação* e formulando críticas à passividade com que a sociedade em geral e a imprensa em particular haviam reagido ao ataque orquestrado pela *Sovietskaia Rossia*.

O real significado desse episódio ficou relativamente obscuro. Entretanto, o debate foi reatado e as reformas pareceram retomar fôlego. O cenário para o próximo enfrentamento entre reformistas e conservadores seria, agora, a XIX Conferência Pan-Russa do Partido Comunista, convocada para junho de 1988, reunindo milhares de delegados de toda a União Soviética.

O povo soviético foi então brindado com um debate raro na história do país. Opiniões contraditórias, vaias, aplausos, interrupções, fazendo lembrar tempos pretéritos, quando os soviets tinham sido criados como autênticos parlamentos plebeus, sem regras e normas rígidas, palcos de intensas discussões, ágeis e voláteis. A sociedade acompanhava o processo, televisionado ao vivo, devorando jornais e revistas, debatendo em toda a parte as grandes questões então consideradas.

Prevaleceu a proposta de criação de uma nova instituição, o Congresso dos Deputados do Povo. Teria 2.250 deputados, escolhidos por três colégios eleitorais distintos: um primeiro terço seria eleito por todos os cidadãos, em circunscrições territoriais; um outro terço seria escolhido, proporcionalmente, pelas diferentes nações soviéticas. Finalmente, um último terço seria designado por determinadas instituições: o Partido Comunista, os sindicatos, as instituições acadêmicas, as organizações populares etc. A esse Congresso competiria escolher um soviete supremo, de cerca de quinhentos deputados, e, diretamente, o presidente do Estado soviético, a quem seriam delegados poderes extraordinários.

Desenhava-se assim uma instituição estatal autônoma em relação ao Partido Comunista. O seu presidente, com amplos poderes, também ganharia uma força considerável, apenas referida aos seus eleitores, e não mais, pelo menos formalmente, ao Partido até então todo-poderoso. Amadurecia a visão, não ocultada por Gorbatchov e seus correligionários mais próximos, de que a *perestroika* deveria ser precedida pelo aprofundamento da *glasnost* ou, em outras palavras, de que a reforma econômica deveria ser antecedida e, de certo modo presidida, pela reforma política.

A campanha eleitoral empolgou o país durante o inverno de 1988-1989, mesmo porque, em muitas circunscrições, múltiplas candidaturas, então autorizadas, disputavam o voto dos cidadãos, promovendo debates contraditórios e mobilizando as consciências. Para quase todos, um processo inédito, em que tudo era possível discutir e questionar, até mesmo o regime socialista e a modernidade soviética.

O SOCIALISMO EM QUESTÃO

Desde a vitória da revolução, ao lado das cerradas críticas dos conservadores de todos os bordos, que associavam o *comunismo* ao terror, à ineficiência e à morte, apareceram no interior das próprias correntes socialistas questionamentos ao caráter do regime instaurado na União Soviética.

Na social-democracia ocidental, Kautsky, hesitando, recorreu a várias categorias para tentar decifrar o enigma: socialismo de quartel, capitalismo de Estado, contrarrevolução termidoriana, bonapartismo, fascismo... Aquela experiência original, herética, podia ser tudo, menos socialismo.

Outras correntes radicais, depois de aliarem-se brevemente aos bolcheviques ao longo do *ano vermelho* de 1917, não aceitaram a ditadura bolchevique em nome do proletariado. Conselhistas, comunistas de esquerda, anarquistas, desde o início dos anos 20, e mesmo antes, denunciaram os bolcheviques como usurpadores e o seu regime como uma tirania regida por um sistema de capitalismo de Estado. Essa interpretação seria retomada, muitos anos mais tarde, e com diversas angulações, por outras correntes, inclusive pelo maoismo chinês e por acadêmicos a ele associados.

Trotski, desde antes de sua expulsão da União Soviética, embora reconhecendo o caráter socialista da revolução, defenderia a tese de um processo *degenerativo* burocrático. Era necessária uma nova revolução, política, para recolocar o país no rumo de um socialismo autêntico.

Depois da Segunda Guerra Mundial, no quadro da guerra fria, uma certa sovietologia acadêmica, basicamente norte-americana, retomaria o conceito de *totalitarismo*, já empregado por dissidências dos anos 30, para caracterizar o regime soviético, igualando-o ao fascismo e ao nazismo. Nessa análise privilegiava-se a instância política, aparecendo o Estado como onipotente, um verdadeiro demiurgo da história. A sociedade, vitimizada e atomizada, não teria forças para rebelar-se, nem para reformar o Estado e a economia. Daí se concluía, quase sempre, que só uma guerra externa poderia conduzir a mudanças na URSS, o que agradava às correntes belicistas, os *falcões* da guerra fria.

Num outro registro, interpetações diversas tentavam encontrar outras chaves, como a de privilegiar comparações entre a URSS e antigos regimes asiáticos, ou a de cunhar novos termos para um regime que não seria socialista, tampouco capitalista, mas *tecno-burocrático*.

Finalmente, a tese de que o regime soviético, embora fugindo das previsões dos grandes teóricos socialistas do século XIX e apesar de todas as distorções e deformações, afirmara uma modernidade alternativa, socialista: o *socialismo realmente existente*. Apesar de tautológica, a ideia encontrou muito eco e aceitação.

Todas essas ideias e teorias voltavam agora com força, agitadas no grande debate em que mergulhava a sociedade soviética, reaprendendo os encantos e as incertezas das liberdades de pensamento e de expressão. Mas havia sombras naquele cenário.

Contradições e impasses da *perestroika*

A economia, em seus distintos setores, não deslanchava, ao contrário. Os índices de produção e produtividade almejados em 1986, quando se definiu o XX Plano Quinquenal, não se realizavam. A agricultura continuava apresentando rendimentos insuficientes. Em 1988 a colheita de cereais alcançou 195 milhões de toneladas, quase 20% a menos do que em 1978, dez anos antes. Acumulavam-se problemas no abastecimento de gêneros de toda a espécie, gerando escassez, filas, prateleiras e geladeiras vazias. O racionamento da carne atingia oito das quinze repúblicas e 26 regiões na Federação Russa. O de açúcar e de manteiga alcançava 32 e 53 regiões da Rússia, respectivamente.

Numa outra dimensão, surgia, com uma força imprevista, a *questão nacional*. No livro sobre a *perestroika*, Gorbatchov mal tocara no assunto, não o considerando um elemento crítico. No entanto, contradições nacionais começaram a tomar vulto. Em fins de 1986, uma revolta popular no Casaquistão, contra a nomeação de um russo para o posto de primeiro-secretário do Partido naquela república, produzira dois mortos e duzentos feridos. No verão de 1987, houve manifestações dos tártaros da Crimeia em Moscou reivindicando autorização para voltarem para as terras de origem, de onde haviam sido deportados na fase final da Segunda Guerra Mundial, e agitações nacionalistas nos países bálticos e na Moldávia, questionando as anexações realizadas em fins dos anos 30 (pacto germano-soviético) e reiteradas depois da derrota nazista. Finalmente, e mais importante, a partir de fevereiro de 1988, e se estendendo por todo o ano de forma incontrolável, ocorreram graves conflitos (saques e *progrooms*) entre armênios e azerbaidjanos pelo controle da república autônoma do Alto Karabakh, de maioria armênia, mas inserida administrativa e juridicamente na república soviética do Azerbaidjão.

A rigor, como vimos, desde outubro de 1917, e da fundação da URSS, em 1922, o poder revolucionário teve que se haver com a multiplicidade de povos, línguas e religiões que há séculos haviam caracterizado a história do império tsarista. O próprio nome do novo país indicava um caminho, o do reconhecimento das identidades culturais e políticas nacionais. E com efeito, ao longo da história soviética, certos aspectos culturais, alguns absolutamente cruciais, foram bastante valorizados, aprofundando as identidades de tipo nacional. Pequenas nações chegaram a ganhar pela primeira vez em sua história línguas escritas, devidamente reconhecidas e sistematizadas em dicionários.

Ao mesmo tempo, segundo as conjunturas, o poder central não conseguiu evitar as tentações centralistas e russificantes, sobretudo no plano político, embora até mesmo a cúpula do poder fosse permeável à ascensão de "alógenos" não russos, feita a ressalva de que eram sempre profundamente "russificados" (casos, entre outros, do próprio Stalin – georgiano de origem – e de Khruchov, ucraniano).

O fato inegável, contudo, é que, para além dos avanços substanciais em certas áreas, as contradições nacionais eram bastante subestimadas, se não ignoradas. E por isso mesmo, no contexto da crise que se avizinhava, explodiriam com um vigor inesperado.

Reivindicações de tipo nacionalistas também voltaram a agitar as *democracias populares* na Europa central. Na Polônia, em 1989, depois de quase sete anos de ditadura militar, o general Jaruzelski foi obrigado a reabrir conversações com o Solidariedade, movimento que conjugava dimensões sindicais e políticas, além de forte conotação nacionalista e religiosa (católica). O processo desembocou em eleições, realizadas em junho daquele ano, amplamente vencidas pelo Solidariedade, cujos representantes passaram a compartilhar o poder com os comunistas.

Na Hungria, desde maio de 1988, K. Groz substituíra o envelhecido J. Kadar, acelerando e aprofundando um programa de reformas no sentido da descentralização e da desestatização da economia. No plano político, quebrou-se o dogma do partido único, autorizando-se a formação de novos partidos (Aliança dos Democratas Livres e Fórum Democrático).

Diante desses processos e acontecimentos que subvertiam a ordem instaurada na região desde a conferência de Ialta, questionando as determinações da *doutrina Brejnev* de soberania limitada, Gorbatchov e o Estado soviético nada faziam, parecendo desinteressar-se do destino daqueles países e povos. Os conservadores de todos os bordos, especialmente nas Forças Armadas, alarmavam-se, inquietos e desorientados.

Nada conseguia, porém, abalar a autoconfiança de Gorbatchov e as reservas de apoio que aparentava ter na sociedade.

Com efeito, as eleições para o Congresso dos Deputados do Povo tinham sido um grande sucesso para a sua liderança pessoal e política. Antes que elas se realizassem, em fins de 1988, conseguira afastar Ligatchev dos postos que ocupava, consolidando ainda mais o controle dos aparelhos centrais do Partido e do Estado. Depois das eleições, presidira uma vez mais os debates acalorados, dando demonstrações de serenidade e equilíbrio. Fizera aprovar um conjunto de reformas, ganhando amplos poderes para implementá-las, agora como presidente eleito. Em 1990, na segunda sessão do Congresso, conseguiu mesmo aprovar a quebra do monopólio político do Partido Comunista, garantido até então por dispositivo constitucional. As instituições estatais ganhavam decisiva autonomia em relação ao *partido-guia*.

O FIM DO SOCIALISMO NA EUROPA CENTRAL

No plano internacional, Gorbatchov alcançou o apogeu de sua popularidade em 1989-1990. A retirada das tropas soviéticas do Afeganistão, consumada em 1989, consagrava uma política destinada a atenuar ou eliminar, onde fosse possível, conflitos regionais que, embora com causas específicas e autônomas (Nicarágua, Angola, Camboja), tinham sido sempre alimentados e estimulados pelas rivalidades entre as superpotências.

O mais impressionante, no entanto, fora o fulminante desmoronamento do socialismo na área da Europa central. Depois dos acontecimentos na Polônia e na Hungria, já referidos, o processo ganhou ritmo e força. Em abril de 1990, em eleições livres, os comunistas foram fragorosamente derrotados pelo Fórum Democrático na Hungria. Em dezembro do mesmo ano, os poloneses elegeram Lech Walesa, o líder histórico do Solidariedade, como presidente da República. Em seguida, os acontecimentos precipitaram-se na República Democrática Alemã, considerada a *democracia popular* de economia mais próspera e sólida na área. Movimentos sociais consideráveis enfraqueceram decisivamente o governo. Os comunistas ainda tentaram manobrar, substituindo o encanecido E. Honecker por E. Krenz, aberto e disposto a concessões. Mas já era tarde: a abertura e posterior destruição do Muro de Berlim, em 9 de novembro de

As Revoluções Russas

1989, liquidaram as possibilidades do socialismo no país. Uma última tentativa, com H. Modrow como primeiro-ministro, também não funcionou. Eleições realizadas em março de 1990, atribuíram ampla vitória à Aliança pela Alemanha, coalizão anticomunista formada por diversas tendências, com apoio explícito do primeiro-ministro H. Kohl, da República Federal Alemã, e comprometida com um programa de reunificação da Alemanha sob hegemonia e controle da Alemanha ocidental.

Na sequência, foi a vez da Checoslováquia. As manifestações começaram apenas uma semana depois da queda do Muro de Berlim, em 17 de novembro de 1989. Em pouco mais de dois meses, uma agitação social crescente levaria à derrubada do governo comunista e a eleições que designaram V. Havel, famoso teatrólogo e conhecido *dissidente,* presidente da República. Num processo pacífico, *a revolução de veludo,* o país livrava-se do *socialismo realmente existente.* A Romênia passaria, no mesmo período, por um processo análogo de protestos maciços contra o governo comunista, mas aí não houve uma transição pacífica. Episódios de repressão brutal e revoltas populares conduziram finalmente à prisão, julgamento sumário e execução do ditador N. Ceausescu e de sua mulher. Na Bulgária, a retirada dos comunistas ocorreu em melhores condições com a substituição do velho líder, T. Zhikov, em fins de 1989. No ano seguinte, em junho, com novo nome e totalmente *aggiornados,* os comunistas conseguiram ganhar as eleições, mas decididos a fazer as concessões necessárias que assegurariam uma transição pacífica para um novo regime social.

De sorte que, entre 1988 e 1990, em pouco mais de dois anos, e à exceção da Albânia,[1] todo o chamado Leste Europeu, considerado por muitos como uma área destinada indefinidamente ao domínio soviético, não apenas saíra da órbita de Moscou, como abandonara o socialismo como projeto de sociedade. E a URSS nada fizera para detê-lo.

---

[1] A Albânia, no entanto, não escapou do processo. Em 1992, consumou-se ali também a transição para uma sociedade não socialista.

A desintegração da União Soviética

A guerra fria terminara. Mais uma prova disso, e definitiva, fora a atuação conjunta dos Estados Unidos e da União Soviética na guerra contra o Iraque, em 1990-1991. A reunificação da Alemanha conferira a Gorbatchov o Prêmio Nobel da Paz. A popularidade do líder soviético junto à opinião pública internacional, sobretudo nos países capitalistas mais avançados, alcançava recordes históricos. No entanto, na União Soviética, em contraste, o mesmo não se verificava.

Multiplicavam-se as tensões sociais, o descontentamento. No verão de 1989, houve um importante movimento grevista entre os mineiros do carvão da Ucrânia. Novas greves explodiram no verão seguinte, reclamando contra os salários defasados e a escassez de gêneros básicos. O discurso da eficácia, que fundamentava a *perestroika*, não se concretizava na prática. Os funcionários do Estado e do Partido, os militares, os trabalhadores urbanos e os camponeses, todos tinham reivindicações não atendidas e protestavam. Havia uma atmosfera de decantação, esperanças cultivadas que não se realizavam, acumulando frustrações.

Na realidade, as cartas pareciam embaralhar-se num contexto de crise de referências. No início, a sociedade parecia unânime e coesa em torno das linhas mestras desenhadas por Gorbatchov: era preciso reformar o socialismo para melhorar o sistema. No entanto, numa etapa seguinte, núcleos conservadores começaram a se desenhar, sobretudo nos aparelhos do Estado e do Partido. Sob crítica crescente, tendiam a cultivar reflexos conservadores. Os estratos mais velhos da sociedade, por sua vez, também tendiam a recusar as críticas destrutivas que se multiplicavam, negando, às vezes radicalmente, qualquer positividade à experiência socialista soviética. Também começaram a se manifestar contra o reformismo gorbatchoviano. Entre os trabalhadores de empresas notoriamente deficitárias, surgia da mesma forma o receio do eventual desemprego, acenado por vezes como "inevitável" num processo de "reestruturação" geral da economia. Apesar disso, em amplos setores, sobretudo entre os jovens, mas mesmo dentro dos próprios aparelhos políticos, em razão do profundo desgaste do poder e da influência declinante da ideologia e do Partido comunistas, expandia-se a simpatia por um reformismo cada vez mais radical, que passou, a partir de um determinado momento, a questionar as próprias bases do socialismo.

A sociedade estava de ponta-cabeça. As ideias reformistas, abrigando desde os que ainda se mantinham fiéis ao socialismo aos que já se colocavam como perspectiva a economia "de mercado", atravessavam transversalmente a sociedade, contaminando diferentes categorias sociais. Mas seria impróprio imaginar que apenas os *aparatchiks* lutavam para conservar a ordem, vista como razoável, embora imperfeita, por muitos estratos intermediários e de trabalhadores.

O governo, apesar dos poderes extraordinários com que fora investido pelo Parlamento eleito, parecia desorientado. A constante troca de responsáveis econômicos exprimia dúvidas e incertezas básicas. No início, confiara-se no grupo do Instituto de Novossibirsk, dirigido por A. Aganbeguian e T. Zaslavskaia. Os diagnósticos da economia soviética, de seus impasses, inspirariam e informariam a formulação da *perestroika*. Em seguida, veio a equipe do Instituto de Economia da Academia de Ciências, dirigida por L. Abalkin. Depois, foi a vez de S. Chatalin e N. Petrakov. Finalmente, G. Iavlinsky e os assessores norte-americanos. Cada qual com sua própria plataforma de reformas. Mas os projetos não conseguiam gerar os efeitos esperados.

Ao longo do tempo, Gorbatchov primara pela clareza no diagnóstico dos problemas estruturais do sistema soviético. Mostrara igualmente uma grande habilidade em afastar inimigos e concentrar poderes, um gênio da manobra política *curta*. Em relação, porém, a políticas concretas, capazes de produzir efetivas e rápidas transformações na sociedade e na economia, o fracasso era claro.

Nas brechas de uma crise que se aprofundava, como sempre acontecia, desde os tempos do velho império tsarista, as nações não russas apareciam com seus programas e reivindicações de autonomia cultural e política. Algumas já falavam abertamente em secessão. Nos países bálticos, na Ásia central, no Cáucaso, até mesmo na Rússia e nas duas outras nações eslavas (Ucrânia e Bielo-Rússia [ou Belarus]), consideradas o núcleo básico de sustentação da União Soviética, os parlamentos nacionais proclamavam a própria *soberania* em relação ao poder central da União, ou seja, a primazia das leis *nacionais* sobre as leis *soviéticas*. Num contexto de predomínio de forças centrífugas, qual seria o destino do poder central? Surgiu então, no segundo semestre de 1990, a ideia da formulação de um novo pacto federativo, uma União das Repúblicas Soberanas, em que, sintomaticamente, já não apareciam mais as menções ao socialismo e aos sovietes.

Os discursos de Gorbatchov pareciam contraditórios. Ora insistia, persuasivamente, na elaboração de um amplo acordo negociado, ora, em declarações apocalípticas, anunciava a possibilidade de uma desagregação caótica. A renovação do socialismo continuava como referência, mas combinada com o elogio das virtudes do *mercado*. Seria viável estruturar um sistema que pudesse contar com os aspectos positivos do plano centralizado e do mercado desregulado? Um *socialismo possível*?

O fato é que Gorbatchov nomeou, em fins de 1990, um governo formado por homens decididos a qualquer custo a impedir a implosão da União Soviética, muito mais ligados às correntes *conservadoras*, que até então só haviam colhido derrotas, do que ao programa *reformista* que gerara a *perestroika* e com o qual Gorbatchov se identificara.

Em 17 de março de 1991, os resultados de um referendo organizado pelo poder central pareceu fortalecer a tese dos que defendiam a permanência da União, aprovada por 76,4% dos votos. Entretanto, seis repúblicas retiraram-se da consulta: Lituânia, Letônia, Estônia, Geórgia, Moldávia e Armênia. Os lituanos, em fevereiro, já haviam aprovado a independência por 90,5% dos votos. Pouco depois, em abril, o Parlamento da Geórgia tomou o mesmo caminho. Além disso, em outras repúblicas, como na Ucrânia, o referendo incluíra outras questões sobre a soberania local e regional, respondidas afirmativamente por ampla maioria, o que relativizava um pretenso acordo sobre a manutenção do poder central e da União.

Por outro lado, viriam da própria Rússia, uma vez mais, claras indicações da força do processo de desagregação. Boris Ieltsin, comprometido com a *soberania russa*, em eleições diretas, inéditas, em 12 de junho de 1991, foi escolhido presidente da República, com votação consagradora (57,3% dos votos), logo no primeiro turno. Ao mesmo tempo, em Leningrado e Moscou, A. Sobtchak e G. Popov, seus correligionários, também eram eleitos como prefeitos por amplas maiorias. Nascera uma espécie de poder paralelo ao da União, amparado e legitimado por eleições democráticas.

As contradições aproximavam-se agora de um desfecho, embora a maioria dos analistas continuasse considerando a desagregação da União Soviética como improvável, porque imprevista. Mas, de fato, era isso mesmo o que estava acontecendo.

As conversações lideradas por Gorbatchov para um novo tratado da União não chegavam a resultados. Afinal, aprovou-se um texto, publicado em 14 de agosto de 1991, para ser assinado uma semana depois. Aparecia, porém, marcado por tantas barganhas e compromissos que não parecia oferecer alternativa segura para nenhuma força política em particular.

Criou-se então uma atmosfera de golpe de Estado. Os *conservadores*, entronizados em postos importantes da União pelo próprio Gorbatchov, pregavam o emprego de mecanismos de força para conter as forças da desagregação. Conspirações golpistas eram denunciadas pela imprensa e por lideranças *reformistas*.

Gorbatchov ainda tentou um último recurso: compareceu à reunião do Grupo dos 7, o G-7, uma espécie de diretório dos países capitalistas mais ricos do mundo, para solicitar um auxílio econômico de emergência para socorrer a combalida economia soviética. Se fosse concedido, comprovaria, uma vez mais, seu prestígio internacional e poderia utilizá-lo como trunfo nas negociações no país. Mas a tentativa fracassou, obrigando o líder soviético a voltar para seu país humilhado e enfraquecido.

E então houve o golpe anunciado, desferido pelos homens que estavam no governo da União. Muito sintomaticamente, não falavam nem na defesa do socialismo, nem em nome do Partido, mas em salvar a União de uma desintegração caótica. Mostrando fraqueza, também não assumiam estar derrubando Gorbatchov, mas alegavam que este solicitara afastamento por motivo de saúde...

Ante a perplexidade geral, Boris Ieltsin, agora presidente eleito da Rússia, teve a coragem de tomar a liderança de um movimento para defender a legalidade. No Parlamento russo, em torno de alguns milhares de correligionários, conclamou o não reconhecimento das lideranças golpistas e da resistência. Foi o que bastou para vencer, pois o esquema golpista desintegrou--se de modo fulminante, desmantelando-se como um castelo de areia, sem que fosse necessário travar um enfrentamento decisivo, nem dar um único tiro.

No contexto da confusão que se estabeleceu, aproveitando--se dela, atropelaram-se as proclamações formais de independência das repúblicas não russas: Estônia (20 de agosto), Letônia (21 de agosto), Ucrânia (24 de agosto), Bielo-Rússia (25 de agosto), Moldávia (27 de agosto), Casaquistão e Quirguízia (28 de agosto), Azerbaijão (30 de agosto), Usbequistão (31 de agosto), Tajiquistão (9 de setembro), Armênia (21 de setembro) e Turcomenistão (26 de outubro). Mais a Lituânia e a Geórgia, que já haviam proclamado as respectivas independências em fevereiro e abril; completava-se o quadro da desagregação da segunda superpotência mundial.

Em rápidos movimentos, Ieltsin consolidou seu poder, dissolvendo o KGB e o próprio Partido Comunista, acusado de cumplicidade na operação golpista e posto na ilegalidade. Em nome da Rússia, apropriou-se do Kremlin e do Ministério das Relações Exteriores. No início de dezembro de 1991, apoiado pelos presidentes da Bielo-Rússia e da Ucrânia, anunciou a fundação de uma Comunidade de Estados Independentes (CEI).

Pouco depois, em 21 de dezembro de 1991, em Alma Ata, capital do Casaquistão, onze repúblicas ex-soviéticas formalizaram a constituição da CEI. A Gorbatchov não restou mais do que a renúncia, assinada finalmente em 25 de dezembro de 1991.

O inacreditável acontecera: a União Soviética simplesmente deixara de existir.

7. A Rússia pós-socialista:
APOGEU E CRISE DA UTOPIA DO MERCADO

Os anos 90 na Rússia, ainda dominados pela perspectiva de reformar em profundidade o sistema socialista, podem ser compreendidos em dois tempos. Numa primeira etapa, prevaleceu a proposta de uma transição rápida em direção ao capitalismo: foi a chamada *terapia de choque*, aplicada basicamente em 1992 e 1993. Nesses dois anos, contradições crescentes entre o presidente Boris Ieltsin e o Parlamento russo levariam a um choque frontal e a um desfecho violento: o Parlamento foi dissolvido e se aprovou uma nova Constituição. A partir daí inaugurou-se um segundo momento. Sem abandonar a meta de instaurar uma economia de mercado, adotaram-se políticas pragmáticas, mais ajustadas às tradições históricas russas, em que o papel do Estado sempre foi preponderante. Em todos esses anos, a sociedade russa compreendeu, uma vez mais à própria custa, que a história não dá saltos acrobáticos no curto prazo e que as transformações profundas eventualmente desejadas só podem tomar corpo ao longo do tempo, produto da vontade, do trabalho e da determinação de grandes maiorias.

A UTOPIA DO CAPITALISMO A CURTO PRAZO
E A TERAPIA DE CHOQUE

Extinta formalmente a União Soviética, em 31 de dezembro de 1999, a maioria da sociedade russa foi tomada por uma profunda expectativa de que seria possível, a curto prazo, alcançar os padrões de organização política, de desenvolvimento econômico e de bem-estar das sociedades capitalistas mais avançadas da Europa ocidental e dos Estados Unidos. Disseminada em toda a sociedade, havia uma admiração sem limites pelas realizações da *modernidade ocidental*, um mundo considerado *civilizado*, em contraste com a Rússia desestimada como *ana-crônica* e *bárbara*.

O presidente Boris Ieltsin, eleito em junho de 1991, no auge da popularidade e da glória, exprimiu essas esperanças quando nomeou como primeiro-ministro E. Gaidar e sua equipe de economistas, assessorada por norte-americanos, como J. Sachs. A ideia era desencadear uma *carga de cavalaria* – em rápidos movimentos, desmontar o sistema anterior, rasgar novos horizontes e permitir o advento de uma economia de mercado, liberada de entraves históricos, capaz de realizar as imensas potencialidades – humanas e materias – da sociedade russa.

Com o apoio e as bênçãos do Fundo Monetário Internacional e do Banco Mundial, aplicou-se a conhecida receita: liberação total dos preços, suspensão imediata dos subsídios estatais às atividades econômicas, combate rigoroso ao deficit público, aperto no crédito, *verdade* cambial, política acelerada de privatização das empresas estatais.

Os resultados foram desastrosos.

Os preços dispararam: no fim do ano, em média, estavam trinta vezes maiores do que em janeiro, enquanto os salários apenas haviam dobrado. A atividade industrial, que já vinha declinando desde 1987, deu um salto para trás. Com as fronteiras praticamente abertas, do ponto de vista fiscal, o mercado russo foi invadido pelos produtos ocidentais, melhores e mais baratos, com as quais os russos não tinham condições de competir. Declinaram de forma brutal os investimentos (8% do Produto Nacional Bruto em 1995, comparados com 20%, em média, nos tempos do socialismo soviético). O desemprego, praga desconhecida na sociedade soviética, cresceu de forma descontrolada, atingindo cerca de dez milhões de pessoas, sem contar o emprego informal e o subemprego, e não foram criados, nem se pretendiam criar, serviços e redes de apoio e proteção sociais.

Houve um processo brusco de concentração de renda, favorecendo regiões e grupos determinados. Entre as primeiras, Moscou e São Petersburgo (a população da cidade, em plebiscito, resolvera recuperar o antigo nome), com serviços administrativos, comerciais e financeiros, beneficiaram-se largamente. Na sociedade, dirigentes políticos e administrativos, a grande maioria constituída de ex-comunistas, passaram muito rapidamente a acumular grandes fortunas, provenientes da canalização irregular de subsídios remanescentes e dos mecanismos de privatização denunciados como fraudulentos. Apesar das estatísticas imprecisas, há um certo consenso de que se destacou uma camada de cerca de 10% da população, os mais ricos, que passou a concentrar algo em torno de 40% da renda nacional, os *novos russos* (*novi ruskii*). Entre os que sofriam mais negativamente o impacto das reformas estavam os pensionistas, os assalariados de setores que permaneciam estatizados, como grandes segmentos da saúde e da educação, os que viviam de rendimentos fixos, os desempregados. Na base da pirâmide, os 10% mais pobres deteriam apenas 1,5% da renda disponível. Segundo um relatório da Academia de Ciências, em 1993, um terço da população vegetava num nível abaixo da subsistência, enquanto se estimava que 10%, ou seja, cerca de 15 milhões de pessoas, estariam abaixo mesmo do nível de sobrevivência física.

O país parecia ter passado por uma guerra civil. A esperança de vida ao nascer, de 64 anos para os homens e de 74,4 anos para as mulheres em 1990 (já então em queda, em comparação a 1985-1986), caiu ainda mais, para 58 anos e 68 anos, para homens e mulheres, respectivamente.

A população estava atordoada pelo contraste entre as expectativas positivas suscitadas e os resultados efetivos de uma situação catastrófica.

O Parlamento russo, eleito em 1990, passou a exprimir as insatisfações. Entre os oposicionistas, dois fiéis aliados de Ieltsin, o vice-presidente, Alexander Rutskoi e o presidente do Parlamento, Ruslan Khasbulatov. Segundo eles, era preciso suspender imediatamente a *terapia de choque*, porque o doente, no caso, a sociedade russa, estava agonizante. O processo de privatizações necessitava igualmente ser encaminhado com critérios mais definidos, evitando-se o descalabro e a corrupção que o caracterizavam, provocando escândalos e mal-estar. A transferência maciça de bens do Estado e da sociedade para mãos privadas explicitara e potencializara o fenômeno das *máfias*, produto da desorganização institucional e fator de agravamento de um processo caótico de desagregação com suas milícias privadas, fraudes escandalosas, contrabando de armas e matérias-primas estratégicas, exportação de riquezas colossais para paraísos fiscais.

O problema é que, para não poucos, o Parlamento, eleito em 1990, ainda era muito representativo do passado *soviético* para merecer confiança. Ielstin, apesar de tudo, continuava sendo uma referência nas denúncias e na luta contra um sistema que visivelmente a sociedade não desejava ressuscitar.

O enfrentamento entre o presidente e o Parlamento prolongou-se ao longo de 1993, radicalizando-se. Em abril, apesar de toda a insatisfação, um plebiscito reafirmou a confiança da população no presidente (58%) e em sua política (53%), mas os deputados mantiveram a pressão. Quando Ieltsin, evidenciando tendências autoritárias que antes tanto denunciara, dissolveu o Parlamento, em setembro, os deputados recusaram-se a aceitar o fato consumado. Prepararam-se para a luta, acusando Ieltsin de golpista, tentando reeditar, a seu favor, os termos e a situação de conflito provocado pelo golpe de agosto de 1991. Mas os tempos eram outros. A população, talvez exausta de provações, não se mobilizou. As Forças Armadas, embora no início hesitantes, acabaram ficando com o presidente e, assim, depois de alguns dias de ameaças e contra-ameaças, bombardearam o Parlamento, em 4 de outubro, destruindo parcialmente o prédio, a chamada *Casa Branca*. Segundo dados oficiais, morreram duzentas pessoas e cerca de oitocentas ficaram feridas. O Parlamento foi temporariamente fechado, seus líderes, presos, a oposição *soviética*, aniquilada.

Não se instaurou, no entanto, a ditadura, como alguns, mais pessimistas, previram. Em 12 de dezembro de 1993, o presidente Ieltsin submeteu à sociedade uma nova Consituição, conferindo poderes extraordinários à presidência e enfraque-

As Revoluções Russas

cendo decisivamente o poder dos deputados. O povo a aprovou por maioria. Três dias mais tarde, eleições gerais designaram uma novo Parlamento, a Duma do Estado.

Surgiu então com força eleitoral um novo Partido Comunista da Federação Russa, em funcionamento desde o ano anterior, legalizado, afinal, depois de uma longa batalha jurídica. Com seus aliados, alcançaram votação expressiva, cerca de 25% dos sufrágios. Do mesmo modo, trabalhando com temas patrióticos e propostas de justiça social, um partido nacionalista, curiosamente autodenominado liberal-democrático, obtivera 22% dos eleitores. Quanto aos liberais de E. Gaidar, apesar dos imensos meios financeiros empregados, não alcançaram, com seus aliados, mais do que 25% dos votos, quando esperavam, no mínimo, metade dos sufrágios. Uma derrota política para o presidente, relativizada, porém, pelo enfraquecimento constitucional dos poderes do Parlamento. No entanto, boa parte da sociedade passara claramente a mensagem de uma insatisfação crescente com os rumos da política governamental, de desencanto com a subserviência às potências e aos modelos *ocidentais*. Parecia ter se desgastado a crença ingênua na utopia a curto prazo de um regime capitalista que pudesse salvar o país da deriva em que se encontrava.

A Rússia à procura de caminhos:
revigoramento do poder central e economia mista

Desde antes das eleições de 1993, sensível às pressões sociais e ao descalabro em que se encontrava a economia, o governo já se empenhava em reorientar suas políticas. A equipe responsável pela *terapia de choque* fora substituída por um veterano administrador do setor estatal da energia (petróleo e gás), V. Chernomyrdin. Um homem do Estado. Reunia as virtudes da tradição da *intelectocracia* russa e soviética: sobriedade, pragmatismo, sentido do papel do Estado, identificado como um instrumento fundamental para a sobrevivência e a modernização da nação.

Depois da derrota política eleitoral dos liberais, e no quadro do fortalecimento do poder estatal central, consagrado pela nova Constituição, o governo moderou o ritmo e, progressivamente, abandonou o radicalismo da ortodoxia liberal. Não se colocou em questão a perspectiva geral de instaurar uma economia de mercado, mas mudaram claramente as prioridades e as ênfases. Em vez de uma liberação descontrolada, uma política de regulamentação. No lugar de uma rápida privatização, uma política mais cautelosa, baseada na concepção de uma economia mista, reunindo empresas estatais, um setor onde se combinassem a participação estatal e os capitais privados, cooperativas e empresas totalmente privatizadas, nacionais e estrangeiras.

Procurou-se avançar na formulação de um quadro institucional e de legislações que permitissem alcançar um certo nível de previsibilidade política e econômica, essencial para atrair capitais externos e mesmo para recuperar o potencial de investimento da própria economia russa. Uma outra preocupação foi determinar uma política fiscal e disciplinar a arrecadação de impostos, conferindo ao Estado margens de intervenção e ação na economia e na sociedade. Finalmente, mas não menos importante, continuar com o processo de privatização (em 1995, o Estado já vendera cerca de 80% dos seus ativos), mas tentando deter e controlar os efeitos deletérios e nefastos ocorridos no período anterior. No plano da política externa, o governo consolidara relações amistosas com os países capitalistas avançados e, sobretudo, com os EUA. No entanto, a perspectiva de uma aceitação sem reservas da Rússia no quadro das instituições internacionais reunindo os países mais ricos do mundo enfrentou contradições imprevistas. Tanto no chamado Grupo dos 7 quanto na Otan, houve resistências mais ou menos ostensivas. Numa outra dimensão, os investimentos internacionais não afluíram na intensidade e nos ritmos esperados. Certos setores da sociedade russa reclamavam de um boicote deliberado, algo maquiavélico, destinado a *destruir* o país, mas não podiam deixar de reconhecer que a situação geral em que se encontrava a Rússia não era propriamente encorajadora para os que desejavam arriscar seus capitais.

Quando, apesar de tudo, o país retomava um certo nível de estabilidade, começou a guerra da Chechênia, em dezembro de 1994.

A GUERRA DA CHECHÊNIA

Desde agosto de 1991, aproveitando-se do processo de desagregação resultante do golpe fracassado para derrubar Gorbatchov, que desembocou na dissolução da União Soviética, vários pequenos povos do Cáucaso tinham proclamado também a própria independência, fazendo brotar um conjunto de minirrepúblicas no flanco sul da Federação Russa: Dniestr, Abkhazia, Karabakh, Ossetia do Sul e Chechênia. Nenhum desses Estados, porém, ao contrário das ex-repúblicas soviéticas, obteve reconhecimento internacional.

Depois do fim da União Soviética, o governo russo tratou, desde 1992, de negociar a reincorporação dessas pequenas nações, no que obteve êxito, à exceção da Chechênia, cujos dirigentes recusaram-se a aceitar um acordo que, embora concedendo margens apreciáveis de autonomia, mantinha a subordinação política a Moscou. Seguiu-se uma queda de braço de pressões e contrapressões, envolvendo interesses econômicos e geoestratégicos: o governo presidido por Ieltsin argumentava que seria um perigo o reconhecimento da independência da Chechênia pelos riscos de *contaminação* que poderiam advir para os inúmeros povos não russos que continuavam a habitar nas fronteiras da Federação. Além disso, negócios e negociatas ainda obscuros, embora insistentemente denunciados pela mídia russa independente, envolvendo altos escalões do Estado e a chamada *máfia* chechena, teriam constituído fatores não negligenciáveis para explicar o conflito.

O fato é que, em dezembro de 1994, as Forças Armadas russas, reunindo cerca de quarenta mil homens, passaram à ofensiva na Chechênia com o objetivo de aniquilar o movimento independentista. Imaginou-se uma guerra curta e vitoriosa, capaz de fortalecer o prestígio político do governo, mas os chechenos, com grande tradição de luta e de rebeldia, resolveram resistir. Depois de um começo fulminante, quando, apesar de perdas consideráveis, conseguiram tomar a capital do país, Grozny, as tropas russas passaram a enfrentar uma desgastante guerra de guerrilhas. As perdas avolumavam-se, suscitando questionamentos e oposições. A sombra do fracasso da intervenção no Afeganistão começou a inquietar e assustar.

Um ano depois, em dezembro de 1995, as eleições para renovar a Duma do Estado atestaram a crescente impopularidade do governo. O partido formado por Chernomyrdin, apesar dos meios financeiros e midiáticos, elegeu apenas 65 parlamentares em 450 cadeiras em disputa. Somando todos os apoios, o presidente, mais uma vez, ficara apenas com cerca de um quarto da Duma, enquanto os comunistas e seus aliados elegiam 186 deputados, 32% da Assembleia.

O governo resolveu então iniciar conversações de paz com os chechenos, estabelecendo uma trégua. O conflito aberto era suspenso, as partes mantinham suas posições respectivas e, num prazo de cinco anos, a questão da independência voltaria a ser debatida. Ieltsin pensava já em reeleger-se, contrariando o conselho dos correligionários, dos médicos, que apontavam sua saúde debilitada, e as previsões sombrias das pesquisas de opinião pública que lhe conferiam apenas 5% das preferências em janeiro de 1996. Entretanto, numa campanha memorável, reverteu as expectativas. Ganhou o primeiro turno com uma maioria apertada – 35% a 32% dos votos atribuídos ao líder comunista G. Zyuganov –, e o segundo, fruto de uma hábil política de alianças, por 54% a 40% dos sufrágios, reafirmando a força de sua liderança carismática.

Na campanha eleitoral e nas urnas, uma vez mais, a maioria da sociedade, entretanto, pareceu distanciar-se das miragens e dos discursos delirantes da ortodoxia liberal, mas também não desejava voltar ao passado soviético. Os próprios comunistas, que reiteraram seu prestígio como segunda força política do país, embora reivindicando algumas tradições importantes do passado (defesa de uma sólida seguridade social, de um papel relevante do Estado na economia e da Rússia no plano internacional etc.), rejeitavam as acusações de que seriam candidatos a promover a ressurreição da União Soviética e da guerra fria. Desse ponto de vista, as frequentes menções do candidato comunista, G. Zyuganov, a Stalin, se puderam contentar faixas de veteranos nostálgicos, acabaram prejudicando uma proposta de alianças mais amplas, essenciais para vencer Ieltsin.

A RÚSSIA E OS DESAFIOS DE UM NOVO SÉCULO

Para o início do segundo mandato, o presidente eleito, apesar de minoritário na Duma do Estado, insistiu no pragmatismo de V. Chernomyrdin. A Rússia continuaria buscando estruturar um modelo de economia mista, com um Estado central forte e revigorado. Ao mesmo tempo, era reafirmado o compromisso com o fim da guerra fria e a proposta de consolidar a inserção da Rússia nas instituições internacionais reconhecidas.

Embora as condições de vida registrassem melhoras, com a inflação descendo a menos de 2% ao mês, a situação continuava muito difícil, principalmente para os segmentos que se encontravam na base da pirâmide social. No entanto, uma política interna deliberada de preços baixos para a energia, além da manutenção de um conjunto de subsídios, conseguiu manter em funcionamento consideráveis setores do parque industrial remanescente, impedindo a elevação das taxas de desemprego. Por sua vez, as cotações internacionais relativamente altas do petróleo, principal produto de exportação da Rússia, conferiram margens de manobra ao governo para negociar dívidas e compromissos com as potências capitalistas e as agências internacionais (FMI e Banco Mundial).

A Rússia recobrava o fôlego, mas as expectativas favoráveis em relação à retomada de um crescimento continuado a partir de 1997 foram afastadas de modo brusco pela irrupção da crise financeira de 1998.

Desencadeada por dificuldades nas economias aparentemente sólidas dos chamados *tigres* asiáticos (Cingapura, Hong Kong, Coreia do Sul e Taiwan), a crise foi um vendaval, fazendo despencar bolsas de valores em todo o mundo e os preços das matérias-primas industriais e agrícolas, entre as quais o petróleo.

A queda do preço médio do barril, de 40 para 10 dólares, teve um impacto devastador sobre as esperanças moderadamente otimistas que prevaleciam então na Rússia. Houve uma desvalorização abrupta do rublo, produzindo uma reaceleração do processo inflacionário.

O governo pareceu desorientado. Em cerca de um ano e meio, Ieltsin nomeou nada menos do que três primeiros-ministros (S. Kirienko, Y. Primakov e S. Stepashin). Ora, inclinava-se pelo retorno a políticas liberais, ora, ao contrário, no caso da nomeação de Primakov, por uma proposta de orientação nacionalista, com ênfase na preponderância do Estado e de políticas de intervenção e regulação do mercado. Começaram a aparecer protestos sociais, vocalizados e estimulados por pressões da Duma de Estado, em que se agitavam de modo cada vez mais articulado os comunistas e os nacionalistas de todos os bordos.

Novos desafios políticos perfilavam-se no horizonte: as eleições para a Duma, em dezembro de 1999 e as presidenciais, para junho de 2000. Ieltsin não mais poderia se candidatar. A Constituição o impedia formalmente de postular uma nova reeleição, mas outros aspectos pesavam ainda mais. A rigor, o velho líder ex-soviético e ex-comunista, sempre energético e dinâmico, já não era mais o mesmo, com elevados índices de rejeição política e com a saúde extremamente combalida.

Em agosto de 1999, depois de muito hesitar, nomeou, em manobra política surpreendente, V. Putin para a chefia de governo. Veterano funcionário da *comunidade de informações*, o novo primeiro-ministro era a imagem da perseverança e da discrição. Bem poucos acreditaram que tivesse sucesso político ou que permanecesse no cargo por muito tempo. Putin, no entanto, surgiu no cenário político como um homem seguro e determinado. Na tradição da *intelectocracia* russa, retomou as grandes linhas das políticas plasmadas por Chernomyrdin e Primakov. Sem romper com uma política internacional de inserção da Rússia nas instituições internacionais, adotou uma ênfase nacionalista. Em termos da política interna, afirmou-se a preponderância de um Estado centralizado, interventor e regulador.

Logo depois de sua nomeação, em setembro, uma série de brutais atentados a bomba, fazendo dezenas de vítimas em Moscou, e atribuída pelo governo aos chechenos, confirmou as qualidades de Putin de lidar e enfrentar situações de crise. Uma nova ofensiva contra a Chechênia, em larga escala, contou agora com a simpatia de boa parte da população, traumatizada pelos ataques terroristas.

Nas eleições para a Duma de Estado, em dezembro, Putin manteve a marca dos predecessores, um quarto das cadeiras, um resultado medíocre, mas, nas circunstâncias, foi considerado um início promissor, sobretudo porque a principal oposição, formada pelos comunistas, também não cresceu, ao contrário, registrou ligeira queda, não ultrapassando 25% das cadeiras.

No último dia do ano, quando se iniciava o novo século, em discurso emocionado transmitido para todo o país, Ieltsin renunciou à presidência e aos seis meses de mandato que lhe restavam. De acordo com a Constituição, cabia agora a Putin, como primeiro-ministro, assumir interinamente a presidência e organizar em três meses novas eleições. Foi uma manobra acertada, pois, na atmosfera de crise e de nova guerra contra a Chechênia, a candidatura de Putin surgiu com excelentes condições: um líder sem desgastes e compromissos com as tricas e futricas da política, discreto e sóbrio, aparentando força e determinação.

Nas eleições de março de 2000, Putin ganhou logo no primeiro turno, alcançando 53% dos votos, reeditando a *performance* de Ieltsin em 1991 e batendo Zyuganov (comunista), Zhirinovsky (nacionalista radical) e Yavlinsky (liberal moderado). No fim do ano, a economia registrou, pela primeira vez desde o início da *perestroika*, um índice de crescimento apreciável: 7%. A Rússia encontrara, afinal, uma alternativa viável?

Nos primeiros anos deste novo século, a Rússia oferece um panorama de contrastes. Permanece, apesar de toda crise por que passou e ainda vem passando, como potência nuclear. Em larga medida por essa razão, mantém seu lugar no Conselho de Segurança da Organização das Nações Unidas (ONU) e foi admitida no diretório dos países mais ricos do mundo, agora rebatizado como Grupo dos Oito (G-8). Manteve igualmente uma poderosa indústria de armamentos convencionais e tem feito disso, inclusive nos últimos anos, uma fonte importante de divisas, disputando vários mercados em todo o mundo com os EUA e outras potências exportadoras de armas e munições.

O país conserva trunfos apreciáveis: território imenso, recursos naturais excepcionais, população importante (cerca de 150 milhões de habitantes) e altamente instruída, considerando-se os padrões internacionais. Além disso, do ponto de vista geoestratégico, em sua posição-chave, entre a Europa e a Ásia, continua em condições potenciais de desempenhar papel decisivo na configuração na Europa oriental e na articulação política e econômica de quase todas as ex-repúblicas soviéticas, à exceção das mais ocidentais (países bálticos), já alcançando padrões de integração avançada com a Europa ocidental, particularmente com a Escandinávia.

Na conferência de outros índices, entretanto, a Rússia parece com alguns grandes países do bloco agora chamado de *em vias de desenvolvimento*. Inserção subordinada no comércio internacional (exportadora de produtos primários e matérias-primas, principalmente o petróleo; importadora de tecnologia de ponta); dependência financeira das agências e dos investimentos privados internacionais; vulnerabilidade básica em relação aos fluxos dos capitais especulativos (crise de 1998); crescentes desigualdades sociais, traduzidas na constituição de uma pirâmide social semelhante à de muitos países da África, da Ásia e da América Latina. No topo, os *novos russos*, que fazem recordar, cada vez mais, os *nababos* dos velhos tempos do tsarismo, visíveis nos circuitos mais sofisticados do turismo internacional; na base, amplos segmentos de gentes desamparadas, vivendo em padrões mínimos de subsistência, ou mesmo abaixo desses padrões.

Na discussão de alternativas, retornam referências que pareciam sepultadas pelo tempo e que animavam os ferozes debates entre *ocidentalistas* e *eslavófilos* do século XIX. A sorte da

Rússia dependerá de sua integração ao Ocidente *civilizado*? Seu progresso e desenvolvimento deverão ser necessariamente medidos pela capacidade em alcançar os patamares e as condições materiais já atingidas pelos países mais ricos do mundo? Ou haverá alternativas possíveis de modernidade a serem desentranhadas das tradições e das condições específicas da sociedade russa? O futuro da Rússia será decidido em aliança com a Europa ocidental e com os EUA, ou, numa outra direção, em articulações com sua periferia próxima e, mais amplamente, com os países e povos *deserdados* da Terra?

Num esforço gigantesco, desde as revoluções russas do início do século XX, e mesmo antes, pelo Estado tsarista, os russos tentaram elaborar e empreenderam a consecução de alternativas de modernidade aos padrões oferecidos pelo *Ocidente*, ou seja, pelos países capitalistas avançados. Fracassaram. A tradução dramática dessa derrota histórica traduziu-se pela desagregação da União Soviética, por uma profunda crise de referências, pela desestruturação cultural que se seguiu e pela desorganização política e econômica.

Agora, em outras condições, radicalmente distintas, ressurgem antigas questões, velhos dilemas. A sociedade russa terá forças e reservas para enfrentá-los de modo original e determinado, ou se limitará a perseguir as miragens de uma *terra prometida*, dependente de centros de decisão que escapam a seu controle e condicionam sua autonomia?

As heranças do socialismo soviético

Não seria razoável terminar sem breves reflexões a respeito do legado da experiência soviética. Trata-se de um tema difícil, polêmico, já que as revoluções russas e o socialismo soviético sempre foram objeto de amargas controvérsias e lutas apaixonadas.

Numa perspectiva de síntese, os seguintes aspectos parecem essenciais.

As revoluções russas desafiaram ordens consagradas: a do tradicional império tsarista e a regida pelo capitalismo internacional. A metáfora do *elo da corrente*, empregada por Lenin, era adequada. Quebrou-se um *elo*, mas não foi possível quebrar a *corrente*. Na sequência, mobilizando-se tradições antigas, utopias contemporâneas e sonhos de futuro, desencadeou-se um processo de *modernização alternativa* a que se atribuiu o termo discutível, e discutido, de socialismo. Foi concentrado e brutal, a um custo elevadíssimo, humano e material. Rompida a dependência em relação ao mercado internacional, conseguiu-se um extraordinário salto para a frente, econômico e social. Mas a própria equação que assegurara o salto, baseada nos planos centralizados, na economia estatizada e na ditadura política, entrou em crise. As tentativas de reforma, depois de alguns êxitos parciais, fracassaram. Quando a sociedade aprofundou o escrutínio, desagregou-se.

O que restou do imenso esforço?

Uma sociedade urbanizada, complexa, altamente instruída. Uma potência nuclear. Em comparação com o mundo mais pobre, avanços substanciais; com os países mais ricos, insuficiências ainda gritantes, agravadas agora por desigualdades sociais crescentes. Uma crise profunda de identidade e de referências culturais. Depois de dez anos da dissolução da União Soviética, para quase todos ainda é muito difícil lidar com o passado. Boa parte sente nostalgia do que se perdeu e também de uma certa *inocência*, igualmente perdida, e que agora é impossível cultivar. Outros, talvez a maioria, tateiam em busca do futuro, de modo nenhum satisfeitos, mas, pelo menos por enquanto, não querem ressuscitar o passado.

Para o mundo, sobretudo para a Europa, observou Hobsbawm, o socialismo soviético foi mais generoso do que para os próprios filhos. O Estado de bem-estar social deveu-se, nesse registro, e em larga medida, ao medo dos *vermelhos* e da revolução. O mesmo se poderia dizer em relação à decomposição dos impérios coloniais europeus, às vitórias das lutas de libertação nacional e à estruturação, desde os anos 30, das correntes nacional-estatistas na Ásia, África e América Latina, também tributárias, de algum modo, às pressões político-diplomáticas, ou ao auxílio militar, ou ao *exemplo* (economia planejada) oferecidos pela União Soviética.

O socialismo soviético deixou um rastro de intolerância política. Quando se tornou vitorioso, estimulou em toda a parte os valores da igualdade, da solidariedade, da cooperação, do primado dos interesses sociais sobre os interesses individuais. No início dos anos 20 do século passado, embora cercada e faminta, a revolução russa semeava e despertava esperanças. Depois de décadas, só era capaz de mobilizar tanques e foguetes. A incapacidade histórica de construir uma alternativa ético-cultural à sociedade e aos valores capitalistas é um pesado fardo que deixou para os que tentam reinventar a alternativa socialista no século XXI.

Por tudo isso, os mais amargos não hesitam em dizer que a Rússia ensinou ao mundo caminhos que *não* devem ser trilhados. Enquanto os mais otimistas ainda sustentam que um gigantesco *assalto ao céu* da ordem constituída tem sempre seu valor e legitimidade, podendo proporcionar importantes referências para a reconstrução do futuro.

Entre essas alternativas, a aventura humana terá, como sempre, liberdade de escolha e não se pode esquecer que, *frequentemente, é o improvável que acontece* (E. Morin).

Bibliografia

Na bibliografia que se segue, nem um pouco exaustiva, e com ênfase em trabalhos escritos ou traduzidos em língua portuguesa, gostaria de ressaltar apenas algumas referências.

Começo pelas que me são mais caras, e nas quais, em larga medida, me apoiei, ou me inspirei, para elaborar o presente livro. A principal dívida é com Moshe Lewin, pesquisador de *história social*, aguçado espírito crítico, sempre cuidadoso em evitar *a priori* e ângulos deformantes que possam mal conduzir a visível empatia com o tema que sempre estudou com paixão e rigor. Em seguida, Nicolas Werth e Marc Ferro, mestres franceses, procurando sempre trabalhar na interseção da história política e cultural, sem esquecer a dimensão econômica, cujas pesquisas, orientações, manuais e seminários muito me ajudaram a pensar os problemas que tentei abordar. E a clássica história da revolução e de seus desdobramentos até os anos 30, de E. Carr. Para a informação e a análise dos dados e estatísticas, são indispensáveis as histórias econômicas de Alec Nove e Jacques Sapir, de que me servi amplamente.

Para a compreensão das *tradições russas*, além dos já referidos, são essenciais as obras de Raeff, Kappeler (questão nacional) e a clássica de Setton-Watson, além de Venturi com sua incontornável pesquisa sobre os intelectuais revolucionários.

Para as *batalhas historiográficas* em torno do caráter socialista das revoluções russas e do regime soviético, seria importante considerar a obra coletiva organizada por Hobsbawm; a corrente *liberal*, com a qual é indispensável manter o diálogo, em suas duas dimensões: os ensaístas mais sofisticados e fecundos (Arendt, Berlin, Furet) e os historiadores mais (Pipes) ou menos (Fainsod e Schapiro) dependentes das exigências da guerra fria;

o *maoismo acadêmico* (C. Bettelhein) e as tentativas de construção de *interpretações alternativas* (Claudin, Fernandes, Palmeira, Rodrigues, Segrillo, Pomar, Netto, Neves).

É preciso destacar ainda, e naturalmente, os autores e atores russos: os que participaram das revoluções e da primeira etapa da construção do socialismo – Lenin, Stalin, Trotski, Bukharin, Preobrazhensky, Kollontai, Makhno –; os que se empenharam, em vão, em reformá-lo – Kruchov, Gorbatchov, Iakovlev, Ieltsin –; e aqueles que tentaram compreender o enigma – Aganbeguian, Medvedev, Zaslavskaia, Kagarlitsky, Maidanik.

É importante ainda mencionar as *dissidências* e os *malditos*: Babel, Benjamin, Suvarin, Chalamov, Grossman, Serge, entre muitos outros. Suas reflexões e reminiscências não raro ofereceram e ainda oferecem pistas preciosas para a compreensão das aventuras e desventuras do socialismo soviético.

Finalmente, um registro enfático para as obras de ficção. Entre os contemporâneos, Babel, Rybakov, Soljenitsin. E também os clássicos, não referidos na presente bibliografia, mas indispensáveis para a apreensão das tradições e *mentalidades* russas: Gogol, Dostoievski, Tolstoi, Gorki.

AGANBEGUIAN, A. *Movendo a montanha*. São Paulo: Best-Seller, 1989.

AGOSTI, A. O mundo da Terceira Internacional: os Estados-maiores. In: HOBSBAWM, E. (Org.) *História do marxismo*. São Paulo: Paz e Terra, 1985. v. 6, p.99-168.

AMALRIK, A. *1984: a URSS chegará até lá?* Rio de Janeiro: Bloch, 1971.

ANWEILER, O. *Les soviets en Russie, 1905-1921*. Paris: Gallimard, 1972.

ARCHINOV, P. *História do movimento makhnovista*. Lisboa: Assírio e Alvim, 1976.

ARENDT, H. *As origens do totalitarismo*. São Paulo: Companhia das Letras, 1987.

_____. *Da revolução*. São Paulo: Ática, 1990.

BABEL, I. *A cavalaria vermelha*. Belo Horizonte: Horizonte, 1989.

BENJAMIN, W. *Diário de Moscou*. São Paulo: Companhia das Letras, 1989.

BETTANIN, F. *A coletivização da terra na URSS*. Rio de Janeiro: Civilização Brasileira, 1981.

BETTELHEIM, C. *As lutas de classe na União Soviética, 1917-1923*. São Paulo: Paz e Terra, 1976. 2v. (Na edição francesa, Maspero/Seuil, 1974-1983, há mais dois volumes).

BERLIN, I. *Pensadores russos*. São Paulo: Companhia das Letras, 1988.

BLACKBURN, R. *Depois da queda*. São Paulo: Paz e Terra, 1992.

BOFFA, G. *Depois de Krutchev*. Rio de Janeiro: Civilização Brasileira, 1967.

BONNER, E. *Companheiros de solidão*. Rio de Janeiro: Nova Fronteira, 1987.

BRINTON, M. *Os bolcheviks e o controle operário, 1917-1921*. Porto: Afrontamento, s. d.

BROUÉ, P. *Os processos de Moscovo*. Lisboa: Moraes, 1966.

_____. *A primavera dos povos começa em Praga*. São Paulo: Kairós, 1979.

BUKHARIN, N. *O imperialismo e a economia mundial*. Rio de Janeiro: Melso, s. d.

_____. *ABC do comunismo*. Rio de Janeiro: Melso, 1963.

CARR, E. H. *1917: antes y después*. Barcelona: Anagrama, 1969.

_____. *El socialismo en un sólo país*. Madrid: Alianza, 1974-1976. 3v.

_____. *A revolução bolchevique*. Porto: Afrontamento, 1977. 3v.

_____. *O interregno*. Madrid: Alianza, 1977.

_____. *A revolução russa*. De Lenin a Stalin. Rio de Janeiro: Zahar, 1981.

CARR, E. H., DAVIES, R.W. *Bases de una economia planificada*. Madrid: Alianza, 1980-1984. 3v.

CHALAMOV, V. *Récits de la Kolima*. Paris: La Découverte, Fayard, 1986.

CLAUDIN, F. *A oposição no socialismo real*. Rio de Janeiro: Marco Zero, 1983.

_____. *A crise do movimento comunista internacional*. São Paulo: Global, 1985. 2v.

COGGIOLA, O. (Org.) *Trotsky hoje*. São Paulo: Ensaio, 1994.

COHEN, S. *Bukharin e a revolução bolchevik*. São Paulo: Paz e Terra, 1990.

DEUTSCHER, I. *Trotsky*. O profeta armado. O profeta desarmado. O profeta banido. Rio de Janeiro: Civilização Brasileira, 1968. 3v.

_____. *Ironias da história*. Rio de Janeiro: Civilização Brasileira, 1968.

_____. *A revolução inacabada*. Rio de Janeiro: Civilização Brasileira, 1968.

_____. *Stalin, a história de uma tirania*. Rio de Janeiro: Civilização Brasileira, 1970.

DJILAS, M. *Conversações com Stalin*. Porto Alegre: Globo, 1964.

FERNANDES, L. M. *Ascensão e queda*: a economia política das relações da União Soviética com o mundo capitalista. São Paulo: Anita Garibaldi, 1992.

FERNANDES, L. M. Leituras do Leste: o debate sobre a natureza das sociedades e Estados de tipo soviético. *Boletim Informativo e Bibliográfico de Ciências Sociais*, v.2, n.38, p.15-49, 1994; v.1, n.39, p.41-83, 1995; v.1, n.43, p.27-66, 1997.

FAINSOD, M. *Smolensk under Soviet Rule*. New York: Vintage Books, 1963.

FERRO, M. *La révolution de 1917*. Paris: Aubier-Montaigne, 1967-1976. 2v.

_____. *Des soviets au communisme bureaucratique*. Paris: Gallimard, Julliard, 1980.

_____. *A revolução russa*. São Paulo: Perspectiva, 1988.

FIGES, O. *A tragédia de um povo*. Rio de Janeiro: Record, 1999.

FURET, F. *O passado de uma ilusão*. São Paulo: Siciliano, 1995.

GERRATANA, V. *Stalin, Lenin e o marxismo-leninismo*. In: HOBSBAWM, E. (Org.) *História do marxismo*. São Paulo: Paz e Terra, 1987. v.9, p. 221-55.

GETZLER, I. *Outubro de 1917*: o debate marxista sobre a revolução na Rússia. In: HOBSBAWM, E. (Org.) *História do marxismo*. São Paulo: Paz e Terra, 1985. v.5, p.25-74.

HUGH, J., FAINSOD, M. *How the Soviet Union is Governed*. Cambridge: Harvard University Press, 1975.

GORBATCHOV, M. *Perestroika*. São Paulo: Best-Seller, 1987.

GORENDER, J. (Org.) *Bukharin*. São Paulo: Ática, 1990.

_____. *Origens e fracasso da* perestroika. São Paulo: Atual, 1992.

GROSSMAN, V. *Vie et destin*. Paris: Julliard, L'Age d'Homme, 1979.

HOBSBAWM, E. *A história do marxismo*. São Paulo: Paz e Terra, 1985, 1986, 1987. v.5, 6, 7, 9 e 10.

IAKOVLEV, A. *O que queremos fazer da União Soviética*. Rio de Janeiro: Civilização Brasileira, 1991.

IELTSIN, B. *Os rumos da* perestroika. São Paulo: Best-Seller, 1990.

_____. *Sur le fil du rasoir*. Paris: Albin-Michel, 1994.

JOHNSTONE, M. Lenin e a revolução. In: HOBSBAWM, E. (Org.) *História do marxismo*. São Paulo: Paz e Terra, 1985. v.5, p.113-41.

_____. Um instrumento político de tipo novo: o partido leninista de vanguarda. In: HOBSBAWM, E. (Org.) *História do marxismo*. São Paulo: Paz e Terra, 1985. v.6, p.13-43.

KAGARLITSKI, B. *A desintegração do monolito.* São Paulo: Editora Unesp, 1993.

KAPPELER, A. La Russie, empire multiethnique. *Cultures & Sociétés de l'Est (Paris),* n.20, 1994.

KAPUCINSKI, R. *Imperium.* São Paulo: Companhia das Letras, 1994.

KOLLONTAI, A. *A oposição operária.* Porto: Afrontamento, 1977.

KRUCHOV, N. *O testamento final.* Rio de Janeiro: Artenova, 1974.

_____. *Memórias de Khruchtchev.* São Paulo: Siciliano, 1991.

LENIN, V. *Obras escolhidas.* São Paulo: Alfa-Ômega, 1979-1980. 3v.

LEWIN, M. *The Making of the Soviet System.* New York: Pantheon Books, 1985.

_____. Para uma conceituação do stalinismo. In: HOBSBAWM, E. (Org.) *História do marxismo.* São Paulo: Paz e Terra, 1986. v.7, p.203-40.

_____. *O fenômeno Gorbatchev.* Rio de Janeiro: Paz e Terra, 1988.

_____. *Russia/USSR/Russia.* New York: New Press, 1995.

LINHART, R. *Lenin, os camponeses e Taylor.* São Paulo: Marco Zero, 1983.

LOWE, N. *Twentieth-Century Russian History.* New York: Palgrave, 2002.

LUKÁCS, G. *Carta sobre o estalinismo.* Lisboa: Seara Nova, 1978.

LUXEMBURG, R. *Oeuvres choisies.* Paris: Maspero, 1969. 2v.

_____. *A revolução russa:* Lisboa: Ed. 17 de outubro, 1975.

_____. *A crise da social-democracia.* Lisboa: Presença, 1975.

MAIDANIK, K. Depois de outubro, e agora? As três mortes da revolução russa. *Revista Tempo (Rio de Janeiro),* Departamento de História da UFF/Sette Letras, n.5, p.9-43, 1998.

MAKHNO, N. *A revolução contra a revolução.* São Paulo: Cortez, 1988.

MANDEL, E. *Além da* perestroika. São Paulo: Busca Vida, 1989.

MARABINI, J. *A Rússia durante a revolução de outubro.* São Paulo: Companhia das Letras, 1989.

MAREK, F. A desagregação do stalinismo. In: HOBSBAWM, E. (Org.) *História do marxismo.* São Paulo: Paz e Terra, 1987. v.10, p.307-19.

MEDVEDEV, R. *Le stalinisme.* Paris: Seuil, 1972.

_____. *Era inevitável a revolução russa?* Rio de Janeiro: Civilização Brasileira, 1978.

_____. *Os últimos dias de Bukharin.* Rio de Janeiro: Civilização Brasileira, 1980.

NEVES, A. (Org.) *A natureza da URSS.* Porto: Afrontamento, 1977.

NETTO, J. P. *O que é o stalinismo?* São Paulo: Brasiliense, 1991.

NOVE, A. Economia soviética e marxismo: qual modelo socialista? In: HOBSBAWM, E. (Org.) *História do marxismo.* São Paulo: Paz e Terra, 1986. v.7, p.105-36.

_____. *An Economic History of the USSR.* London: Penguin Books, 1990.

MLYNAR, Z. (Org.) Perestroika, *o projeto Gorbatchev.* São Paulo: Mandacaru, 1987.

PALMEIRA, V. *URSS, existe socialismo nisto?* Rio de Janeiro: Marco Zero, 1982.

PIPES, R. *História concisa da revolução russa.* Rio de Janeiro: Record, 1997.

POMAR, W. *Rasgando a cortina.* São Paulo: Brasil Urgente. 1991.

PROCACCI, G. *A grande polêmica.* Lisboa: Iniciativas Editoriais, 1975. 2v.

REED, J. *Os dez dias que abalaram o mundo.* Lisboa: Delfos, 1974.

RAEFF, M. *Comprendre l'Ancien Régime Russe.* Paris: Seuil, 1982.

REIS FILHO, D. A. *De volta à estação Finlândia.* Rio de Janeiro: Relume & Dumará, 1993.

_____. *Uma revolução perdida.* A história do socialismo soviético. São Paulo: Fundação Perseu Abramo, 1997.

_____. *A revolução russa, 1917-1921.* São Paulo: Brasiliense, 1999.

_____. *A aventura socialista no século XX.* São Paulo: Atual, 1999.

RIBAKOV, A. *Os filhos da Rua Arbat.* São Paulo: Best-Seller, 1989.

_____. *35 e outros anos.* São Paulo: Best-Seller, 1991.

RITTERSPORN, G. T. Simplifications staliniennes et complications soviétiques: tensions sociales et conflits politiques en URSS, 1933-1953. *Revue des Etudes Slaves (Paris),* t.64, fasc. 1, p.27-51, 1992.

RODRIGUES, L. M. *Lenin, capitalismo de Estado e burocracia.* São Paulo: Perspectiva, 1978.

SAKHAROV, A. *Meu país e o mundo.* Rio de Janeiro: Nova Fronteira, 1975.

SAPIR, J. *L'économie mobilisée.* Paris: La Découverte, 1990.

_____. *Le chaos russe.* Paris: La Découverte, 1996.

SCHAPIRO, L. *De Lenine à Staline.* L'Histoire de Parti Communiste de l'Union Soviétique. Paris: Gallimard, 1967.

SEGRILLO, A. *O declínio da URSS:* um estudo das causas. Rio de Janeiro: Record, 2000.

_____. *O fim da URSS e a nova Rússia.* Petrópolis: Vozes, 2000.

SEGRILLO, A. *Herdeiros de Lenin.* A história dos partidos comunistas na Rússia pós-soviética. Rio de Janeiro: Sette Letras, Faperj, 2003.

SERGE, V. *Memórias de um revolucionário.* São Paulo: Companhia das Letras, 1986.

_____. *Mémoires d'un révolutionnaire et autres écrits politiques, 1908-1947.* Paris: R. Laffont, 2001.

SETON-WATSON, H. *The Russian Empire, 1801-1917.* Oxford: Oxford University Press, 1967.

SKIRDA, A. *Les anarchistes russes, les soviets et la révolution de 1917.* Paris: Les Editions de Paris, 2000.

SOLJENITSIN, A. *Arquipélago Gulag.* São Paulo: Difel, 1975.

_____. *Um dia na vida de Ivan Denissovitch.* São Paulo: Difel, 1975.

SOUVARIN, B. *Staline. Aperçu historique du bolchevisme.* Paris: G. Lebovici, 1985.

_____. *A contre-courant.* Ecrits. 1925-1939. Paris: Denoel, 1985.

STALIN, J. *Fundamentos do leninismo.* Lisboa: Estampa, 1975.

_____. *Problemas econômicos do socialismo na URSS.* São Paulo: Global, 1985.

SUNY, R.G. *The Revenge of the Past*: Nationalism, Revolution and the Collapse of the Soviet Union. Stanford: Stanford University Press, 1993.

SWEEZY, P. *A sociedade pós-revolucionária.* Rio de Janeiro: Zahar, 1981.

TODD, E. *A queda final.* A decomposição do sistema soviético. Rio de Janeiro: Record, 1976.

TROTSKI, L. *A revolução de 1905.* São Paulo: Global, s. d.

_____. *História da revolução russa.* Rio de Janeiro: Civilização Brasileira, 1966.

VENTURI, F. *Les intellectuels, le peuple et la révolution.* Histoire du populisme au XIXème siècle. Paris: Gallimard, 1972. 2v.

WERTH, A. *A Rússia na guerra.* Rio de Janeiro: Civilização Brasileira, 1966.

WERTH, N. *Etre communiste en URSS sous Staline.* Paris: Gallimard, 1984.

_____. *L'Histoire de l'Union Soviétique.* Paris: Presses Universitaires Françaises, 1992.

_____. Goulag, les vrais chiffres. *L'Histoire (Paris)*, n.165, p.38-51, sept. 1993.

ZASLAVSKAYA, T. *A estratégia social da* perestroika. Rio de Janeiro: Espaço & Tempo, 1989.

SOBRE O LIVRO

Formato: 10,5 x 19 cm
Mancha: 18,8 x 42,5 paicas
Tipologia: Minion 10,5/12,9
Papel: Pólen Soft 80 g/m² (miolo)
Cartão Supremo 250 g/m² (capa)
1ª edição: 2004
9ª reimpressão: 2024

EQUIPE DE REALIZAÇÃO

Coordenação Geral
Sidnei Simonelli

Produção Gráfica
Anderson Nobara

Edição de Texto
Nelson Luís Barbosa (Assistente Editorial)
Carlos Villarruel (Preparação de Original)
Fábio Gonçalves e
Carlos Villarruel (Revisão)
Ana Paula Perovano (Atualização Ortográfica)

Editoração Eletrônica
Casa de Ideias (Diagramação)

Projeto Visual
Ettore Bottini

Ilustração de Capa
© Bettmann/CORBIS

Rua Xavier Curado, 388 • Ipiranga - SP • 04210 100
Tel.: (11) 2063 7000 • Fax: (11) 2061 8709
rettec@rettec.com.br • www.rettec.com.br